早稲田教育叢書 27

学校管理職に求められる力量とは何か

― 大学院における養成・研修の実態と課題 ―

白石 裕 編著

学文社

はじめに

　大学院における学校管理職（校長，教頭）を含めたスクールリーダーの「養成あるいは研修」が本格的に動き出し，次第に脚光を浴びるものとなっている（ただし現在の段階では養成が主であるため，「養成あるいは研修」を以下，「養成」という）。こうしたプログラムが大学院で本格的に動き出したのは，2004（平成16）年度から2005（平成17）年度にかけてであり，それは政策的な動向というより当該大学院の自発的な先導的試行のような形で始まったものであった。その後，いくつかの大学院においても同様なプログラムが開始され，スクールリーダーの養成に大学院における教育が有効であることを示す成果が少なからず生み出されてきた。

　こうした大学院におけるスクールリーダーの養成の動向に拍車をかけたのが2008（平成20）年度から創設された教職大学院である。文部科学省は当初，教職関係の専門職大学院構想に必ずしも積極的ではなかったと思われるが，その後，義務教育費国庫負担制度の存廃をめぐる政治状況のなかで政策の転換をして教職大学院制度の導入に踏み切ったようである。

　教職大学院が目指すスクールリーダー養成とは中核的中堅教員の養成とされており，教職大学院は教育管理職養成を直接的に目指すものではない。しかし，中核的中堅教員は管理職候補者であるとみることもでき，実際に，東京都教育委員会のように教育管理職選考試験合格者を教職大学院に派遣する例もみられる。中核的中堅教員としてのスクールリーダー養成を通じて，教職大学院に教育管理職養成の役割も期待されているとみることができる。いずれにせよ，これまでの各大学院の自発的先導的試行に加えて，政策の後押しによって教職大学院が設置されるに伴い，大学院における校長・教頭など学校管理職を含めたスクールリーダー養成が着実に動き始めようとしている。

　本書は，2006（平成18）年，2007（平成19）年度の2ヵ年にわたる早稲田大学教育総合研究所研究助成「大学院における学校管理職養成・研修プログラム

の実施・運営方策に関する研究」を基にしている。本研究は，上記のさまざまな動向に触発されて，「なぜ学校管理職の養成を大学院で行う必要があるのか，その根拠はなんだろうか」「各大学はそれについてどのような取り組みをしているのだろうか」「教育委員会の研修では不十分なのであろうか」，そもそも「校長の力量とはどのようなものだろうか」という問題関心を研究の出発点とするものであった。折しも，文部科学省による教職大学院制度の具体化，そして，われわれが所属する早稲田大学においても教職大学院設置の動きがあり，そうした問題関心が一層高まったのである。ちなみに早稲田大学は2008（平成20）年4月1日に教職大学院として，大学院教職研究科を発足させている（ただし，本書は，早稲田大学における教職大学院の創設過程および創設された教職研究科に直接関連を有するものではない）。そうした事情もあり，われわれなりに大学院における学校管理職養成の動向をフォローし，その実態や課題を明らかにし，それを通して大学院における学校管理職養成の方向や課題を把握しようと研究を始めたのである。

　いうまでもなく，このような研究は実態調査が主要なものとなる。そこで，われわれは，スクールリーダーの養成について早くから先進的な試みを展開している大阪教育大学大学院実践学校教育専攻と，とくに校長，教頭などの学校管理職の養成を重要な目的としている兵庫教育大学大学院スクールリーダーコース（2008（平成20）年度から学校指導職専攻）に着目し，その授業観察や授業担当者に対する聞き取り調査，あるいは関係資料の入手などを，それぞれの大学院関係者の協力を得て進めた。本書のなかでこれら2つの大学院の試みが多く紹介されているのは，こうした事情によるものである。さらに，学校管理職養成を検討するためには，われわれなりの学校管理職とりわけ校長に必要な力量とは何かを把握する必要があると考えた。そこで，このような観点から，2ヵ年にわたり現職校長を対象とするアンケート調査を実施し，その結果を分析した。本書では，主に2年目に実施したアンケート調査を用いて学校管理職に求められる力量を検討している。

　各章の内容を簡単に説明すると，次のとおりである。まず第1章の「大学院

における学校管理職養成・研修の現状と課題」では，最初に，2006（平成18）年度時点での教員養成系と一般大学大学院における養成・研修のカリキュラム・選抜方法や内容・教育委員会との連携等の実態と特質について検討している。カリキュラムに関していえば，いずれの大学院も理論と実践の融合を前提としたカリキュラム編成が見られるものの各大学院が対象とする教員層によって内容が異なっていることを明らかにしている。次に，2008（平成20）年度に創設された教職大学院について，その制度概要と創設時点での現状を整理している。そこでは，現職教員の受け入れという視点から，各教職大学院によって想定している現職教員の年齢層や受け入れ方策が異なることを示し，教職大学院制度の中での多様性を明らかにしている。そして，第1章のまとめとして，2006（平成18）年度から2008（平成20）年度にかけての変化を整理している。
第2章「現職校長が考える学校管理職に必要な資質・力量とその形成」では，われわれが行った現職校長に対する質問紙調査から析出された，校長に求められる6つの力量（「学校目標形成・達成力」，「洞察判断力」，「協働協調力」，「法的管理力」，「家庭地域連携力」，「学校管理職倫理」）について論じている。そのなかで校長が特に必要と考える力量は「学校管理職倫理」と「学校目標形成・達成力」であることを示している。そうだとすれば大学院における学校管理職やスクールリーダー養成においても，この2つの力量を育成することが重要となる。第3章「教育委員会が求める学校管理職の力量と研修」ではまず初めに府県教育委員会が求める学校管理職の力量とその評価について，埼玉県教育委員会の校長評価制度を事例にしつつ検討した。次いで，教育委員会における学校管理職研修の実態について東京都教職員研修センターの管理職研修の事例を中心に検討している。前半の部分については府県教育委員会が重要と考える力量は年功序列等の校長登用の慣行により必ずしも実現されているとは限らないこと，ただし新しい管理職評価制度は望ましい力量と登用を一致させることの可能性を拓くものであるとの見解を示している。また後者の研修の実態については，特に東京都の研修について研修プログラムは実務的な内容を中心にして学校管理職の職務を果たすために必要な内容が幅広く提供されていること

を明らかにしている。第4章「学校を支え，動かす学校管理職の力とは何か」では，本研究プロジェクトが2007（平成19）年1月に開催した公開シンポジウムでの講演と報告を載せている。研究者，校長，そして教育行政の立場に立つ4人のシンポジストが，それぞれの立場から示唆に富む見解を示している。最後に，「まとめに代えて」では2ヵ年の研究の総括として，大学院における学校管理職の方向と課題を整理し，本研究をまとめてある。

　本書は，大学院における学校管理職養成の実態，方向そして課題のごく一部を述べたにすぎないが，大学院における学校管理職養成を考える上で少しでも参考になれば幸いである。

　2009年2月

白石　　裕

目　次

はじめに ──────────────────────────── i

第1章　大学院における学校管理職養成・研修の現状と課題 ──── 1
Ⅰ．2006年度末時点における教員養成系・一般大学における養成・研修 …… 2
Ⅱ．教職大学院におけるスクールリーダー・学校管理職養成の現状 ……… 14
Ⅲ．教職大学院制度創設以降の大学院における学校管理職養成 …………… 26

第2章　現職校長が考える学校管理職に必要な資質・力量とその形成 ── 38
Ⅰ．調査結果からみる学校管理職に必要な資質・力量 …………………… 41
Ⅱ．現職校長が考える学校管理職に必要な資質・力量の構造 …………… 54
Ⅲ．現職校長が必要と考える学校管理職に必要な資質・力量 …………… 65

第3章　教育委員会が求める学校管理職の力量と研修 ──────── 69
Ⅰ．教育委員会が求める学校管理職の力量 ………………………………… 69
　　―埼玉県教育委員会の校長評価制度の事例を中心に
Ⅱ．教育委員会による学校管理職養成研修 ………………………………… 78
　　―東京都教職員研修センターの2006年度の管理職研修を中心に

第4章　学校を支え，動かす学校管理職の力とは何か ─────── 93
　　―公開シンポジウムの記録―

まとめに代えて ─────────────────────────── 138
　―大学院における学校管理職養成・研修プログラムの方向と課題―

謝　辞 ─────────────────────────────── 146

索　引 ─────────────────────────────── 147

第1章

大学院における学校管理職養成・研修の現状と課題

　本書は，大学院における学校管理職養成の在り方を検討することを目的としている。そのためにはまず，現在，大学院において学校管理職養成について，どのような取り組みがなされているかを把握する必要がある。なぜならすでに行われている取り組みをもとにしなければ，その課題や将来像に有益な議論を行うことはできないためである。

　そこで，本章では，大学院における学校管理職養成・研修の現状と課題を検討する。大学院において体系的・目的的に学校管理職養成・研修の取り組みがはじめられたのは，比較的近年のことである。2004（平成16）年の九州大学大学院の取り組みが最初とされている。しかしその後，この取り組みは他大学に広がり，この間，複数の大学院において多様な取り組みが行われてきた。そして，2008（平成20）年4月には教職大学院制度が創設されたことにより，大学院における学校管理職養成の制度的枠組み，それまでの各大学院の取り組みは大きく変化することとなった。そこで，本章では，このような経緯を踏まえながら，2006（平成18）年度末時点での大学院における学校管理職養成の動向をⅠで整理する。次いでⅡでは，2008（平成20）年8月時点の情報をもとに，教職大学院におけるスクールリーダー・学校管理職養成の取り組みについて整理する。そして，Ⅲでは，Ⅰ・Ⅱでみた動向を踏まえて，大学院における学校管理職養成の現状と課題について検討することにしたい。

Ⅰ．2006年度末時点における教員養成系・一般大学における養成・研修

　校長や副校長・教頭の資質・力量は，学校教育の成否を左右する。これまでは日々の教育実践や都道府県・政令市の教育委員会が実施する研修，あるいは自己研鑽を通じて，学校管理職の能力の養成が図られてきた。しかし，近年，学校を取り巻く社会的・制度的変化に伴って，学校管理職を積極的に養成する必要性が強く認識され始めた。各地の教育委員会は研修内容に組織運営能力や経営手腕の養成という視点を取り入れ，また，大学においては米国の学校管理職養成の研究が進み，その成果を生かして学校管理職やスクールリーダー（校長や教頭だけでなく，学校において中心的役割を果たす教員）を養成するための専攻を大学院に開設し始めている。そこで，これらの大学院の取り組みについて，資料等を通じて検討してみたい。本節では，これらの先行する大学院における学校管理職養成を目的とする専攻の制度およびカリキュラム等に関する2006（平成18）年末時点における調査結果を示すものである。[1]

1．大学院における学校管理職養成の概要と特徴

1）学校管理職の養成を目的とする大学院の概要

　2006（平成18）年度末時点に，大学院において学校管理職やスクールリーダーの養成を目的とする専攻等を置く大学院研究科は，2007（平成19）年度の改組・開講予定を含めて9校存在していた（図表1-1）。それは，千葉大学大学院（以下，千葉大院），大阪教育大学大学院（以下，大教大院），兵庫教育大学大学院（以下，兵教大院），筑波大学大学院（以下，筑波大院），九州大学大学院（以下，九大院），鳴門教育大学大学院（以下，鳴教大院），岡山大学大学院（以下，岡山大院），東京大学大学院（以下，東大院），名城大学大学院（以下，名城大院）であり，いずれも大学院の修士課程として設置されているものであった。

　これらの各大学院は，その設置の背景や重点を置く取り組みによって目的，

図表1-1　学校管理職養成専攻を持つ大学院（順不同）

千葉大院……教育学研究科修士課程「スクールマネジメント専攻」（昼夜間開設）
大教大院……教育学研究科修士課程「実践学校教育専攻スクールリーダー・コース」（夜間大学院）
兵教大院……学校教育研究科修士課程「学校指導職専攻」
筑波大院……教育研究科修士課程「スクールリーダーシップ開発専攻スクールリーダーコース」
九　大　院……人間環境学府修士課程「教育システム専攻現代教育実践システムコース学校改善専修」（昼夜開講）
鳴教大院……教育研究科修士課程「学校教育専攻学校改善コース学校管理職養成分野」
岡山大院……教育研究科修士課程「教育組織マネジメント専攻」（夜間大学院）
東　大　院……教育学研究科修士課程「学校教育高度化専攻学校開発政策コース」
名城大院……大学・学校づくり研究科「大学・学校づくり専攻」修士課程（昼夜開講制度）

出所）　本章末の参考資料による

　名称，開設形態，修学の対象，カリキュラムに相違がみられる。以下ではそれぞれの大学院の特徴を整理する。

　千葉大院は，教育学研究科に夜間を中心にして昼夜間を通して教育を行う大学院として1999（平成11）年に学校教育臨床専攻を，2001（平成13）年にカリキュラム開発専攻を設置している。これらの専攻の取り組みの積み重ねをふまえて，2005（平成17）年スクールリーダーおよびミドルリーダーの職務遂行に必要な能力を育成するために，学校のマネジメント（スクールマネジメント）に関する発想や手法を，たんに専門的知識にとどまらずに実践と結びつけて学ぶ（これを「知と実践のインターラクション」と呼んでいる）カリキュラムを充実させた昼夜間開設の「スクールマネジメント専攻」（定員5名）を設けた。修学の対象は，校長や教頭も含めた現職教員だけでなく，学部新卒者（大学を卒業してすぐに大学院に進学したという意味で「ストレートマスター」と呼ばれることもある）と幅広くなっている。その理由は，「学校全体にマネジメントに関する知識と技法の導入を図ることが課題であるとの観点から，全ての教

職員を対象と考えた。また，学校という組織は，若い教師からベテランの教師まで多様な年齢と立場によって組み立てられていることからして，マネジメントを学ぶ場もそれに近い状態にしておく必要がある」とされている。

　大教大院が，「主として小学校現職教員を対象として，今日および将来の学校教育で期待される実践的諸能力を高めるための研究・実践を行う」ために，全国唯一の教育系夜間学部を基礎とする夜間大学院・実践学校教育専攻を設置したのは1996（平成8）年であった。この教師のための夜間大学院は，大阪府をはじめ関西各地の学校現場・教育委員会に多くの人材を輩出してきたが，一方で現職教員以外の社会人やストレートマスターの入学も増え，また入学者の属性は「小学校，中学校，高校，盲・聾・養護学校，看護専門学校，短期大学，幼稚園」に及び，「教諭をはじめ養護教諭・校長・指導主事・短大講師」といった職位の多様化も進んだことから，この多様化に応えるために2004（平成16）年から「これまでの専攻の原点と成果を継承しながら，①『教師教育の重点化・高度化』を基軸とする，②若手教員，教育的リーダー教員，組織的リーダー教員に必要な『理論的・実践的力量』を育成する，③カリキュラム編成は『授業実践力』『教職支援力』『学校づくり力』の形成に焦点化したものとする，④学校教育の理論的認識と反省的実践を統合できる『教育的実践者』の育成を目指す」といった観点から再編に着手した。2007（平成19）年度は教師教育の重点化・高度化を目指して3コース制を導入し，その中に，学校の組織開発と教育活動の組織化を進める組織的リーダーシップ能力を高めるべく学校づくりの理論と技術を学ぶための「スクールリーダー・コース」（定員5名）を置くことが計画された。

　兵教大院では，そもそも新構想による教育大学院として，1980（昭和55）年に学校教育に関する高度な専門性と実践力を有する人材を養成することを使命に，学校教育研究科が設置された。2005（平成17）年，学校教育研究科の学校教育専攻の教育経営コースを「スクールリーダーコース」に名称を変更して改編し，さらに2006（平成18）年に学校教育専攻を学校教育学専攻に名称が変更された。スクールリーダーコースは，校長・教頭の学校管理職と指導主事等の

教育行政職を養成するコースであり，当初2007（平成19）年度から制度化される予定であった教職大学院の要素を強くして，教職大学院の開設に先行して実施したものであった。ところが教職大学院の制度化が2008（平成20）年度に延期されることとなったために，2007（平成19）年度は「教育実践高度化専攻」と「学校指導職専攻」（定員20名）を設置して，2008（平成20）年度にはこれを教職大学院に移行する計画とされた。この「学校指導職専攻」は，将来の校長・教頭などの学校経営専門職や学校経営を支援する指導主事・管理主事などの教育行政専門職を目指す人材を養成することが目的であり，それらの候補者となりうる現職教員・現職行政職員や，あるいは教職経験がなくても学校づくりに携わる意志のある民間企業出身者を対象とするものである。

　筑波大院は，人間総合科学研究科の教育学専攻（博士前期課程）とは別に，1977（昭和52）年に，広い視野に立って精深な学識を授け，教育の分野における研究能力およびその専門性に対応する識見と諸能力を養うことを目的とする教育研究科（修士課程）を設置していた。ここに置いた教科教育専攻の中の学校教育コースは，「多くのミドルリーダーを輩出し，すぐれた学校管理職の養成（つまりスクールリーダー養成）に大きく貢献してきた」という。これを2006（平成18）年に学校教育コースを教科教育専攻から独立させ再編するかたちで，学校における教育活動や組織・経営に関する総合的識見と高度の専門性的能力をもって学校をマネジメントするリーダーの養成や，学校における子どもの学びと生活に対する総合的な支援を企画・運営する専門職型リーダーを養成，および継続教育を行う「スクールリーダーシップ開発専攻」（定員19名）が置かれ，「スクールリーダーコース」「学習・生活支援コーディネーターコース」が設けられた。

　九大院は，「人間環境学府修士課程の発達・社会システム専攻教育学コースでは，1996（平成8）年度から1998（平成10）年度までの間に大学院重点化をめざして，主たる教育目的の一つとして，当時の教育学研究科において従来からの研究者養成に加えて，社会人の主に現職者を中心にした学校指導者（スクールリーダー）養成のための『学校改善専修』（修士課程）を試行的に設置し

た⁽⁹⁾」とされている。2005（平成17）年に，発達・社会システム専攻から教育システム専攻に改め，この教育システム専攻教育学コース（定員19名）の「学校改善専修」は，「学校教育（教科教育を除く）を取り巻く今日的状況，本質を総合的・学際的に把握し，かつそこにおける諸課題の解決に向けて科学的な戦略を研究開発していくことのできる高度にして専門的な実践的研究者および指導者（スクールリーダー）の養成⁽¹⁰⁾」を目指すものである。校長養成にとどまらず，広く学校指導者，専門性に裏づけられた実践的研究者の養成を志向していることが特徴である。

　鳴教大院は，学校教育研究科修士課程学校教育専攻の中に「学校改善コース」（定員20名）を設け，ここに「学校管理職養成分野」と「学校管理職養成以外の分野」を置いている。「学校管理職養成分野」は，学校管理職にとって必要な専門的知識の修得と実践的なトレーニングを重視した教育プログラムを編成しており，組織マネジメント，危機管理，地域との連携，学校評価，教育評価などのこれからの学校経営の主要な課題に関して，専門的な知識と実践的能力をもった優れた学校管理職の養成を目指すものとなっている。初等中等教育における10年以上の教職経験を有する現職教員（非常勤の職員であっても，勤務の形態が常勤の職員と同様であるものを含む）が出願の資格となっている。

　岡山大院は2004（平成16）年，教育学研究科の中に，教職経験5年以上の現職教員，養護教諭，指導主事等を対象として，学校教育目標という組織目標を達成するために，学校内外の環境の変化や諸条件を読み取りながら，効果的・効率的な教育活動を展開するために，経営理念に基づき学校組織を動かす技術・手法をスクールリーダーの育成を目的として，夜間大学院の「教育組織マネジメント専攻」（定員6名）を設置した。これは，「学校を取り囲む環境変化を背景に，とくに次代を担うスクールリーダーの育成を中核に据え，現学校管理職のスキルアップの教育をも対象として，『21世紀の新しいスクールリーダー』育成⁽¹¹⁾」を視野に入れた人材育成を目指したものであり，岡山大院は大学院におけるスクールリーダー育成に先駆的に取り組んだ大学院のひとつである。

　東大院は，大学院教育学研究科（修士課程）に，東京大学の学術研究と教育

研究を統合して教職の高度化，教育内容の高度化，学校経営政策の高度化を達成する高度の教育専門職の教育を推進し，指導的な教師と教育行政官の養成を図るために，2006（平成18）年度に「学校教育高度化専攻」を新設した。この中に，学校経営，学校政策，教育行財政の高度化を推進し，学校レベルと中央と地方レベルの教育行政における政策決定と経営および評価を担う指導的な教師，教育行政官の養成を行う「学校開発政策コース」（定員7名）を置いている。

　名城大院は，2006（平成18）年に大学院大学・学校づくり研究科（修士課程）として，教育機関に身を置く者，またこれから身を置こうとする者に対して，高等教育と初等中等教育の壁を越えて，①「大学・学校づくりのための科学的手法」を中心とした専門職素養と態度を身につける共通の場と機会を提供し，②「戦略的思考法」をベースに，日々の実戦と中長期の目標・計画とを視野におさめ，問題発見の分析手法と問題解決の開発手法を教育組織のフィールドで適用する人々を社会に輩出することを理念として，大学・学校の持続的革新力を生む戦略企画とマネジメントの手法を開発する教育経営職人材を育成することを目的に「大学・学校づくり専攻」（定員10名）を設置した。

　このように，各大学院においては，それぞれの目的や重点の置き方が異なっている。学校管理職を養成するという共通性のなかにも，具体的な取り組みや重点の置き方に多様性があることは，大学院における学校管理職養成を検討する際に重要であると思われる。

2）選抜方法・学費・就学制度の特徴

　それでは，このような各大学院の特徴を，選抜方法・就学制度・学費の観点から整理するとどのような特徴があるであろうか。実際に現職教員や学校管理職希望者が，大学院に就学するにあたっては，これらの事項は重要な要素となるものである。

　まず，選抜方法をみると，東大院を除いた大学院では，一般選抜の他に，現職教員を対象とする現職教員特別選抜，あるいは社会人選抜制度を設けて，現

職教員や社会人に配慮した選抜方法をとっている。入試も2回，場合によってはさらに追加募集を行っている大学院もみられる。各大学院の就学年限は2年であるが，大学院設置基準第14条に定める教育方法の特例措置（14条特例）により，最後の1年は現場で研修し，30単位を取得して修了することができるようになっている。一方で，50単位を条件としている大学院もみられる。また，修士論文の作成を義務づける大学院がある一方，インターンシップで代える大学院，実践報告書で代える大学院もある。

　次に，学費についてみると，私立大学である名城大院を除く各大学院は国立大学であり，入学料282,000円，年間授業料535,800円として全ての大学院が国立大学の標準額の設定となっている。名城大院は，入学金130,000円，年間授業料530,000円に設定されており，国立大学よりも低額に設定されている。就学制度との関係をみると，現職教員が就学することに対する現実的な配慮をして長期履修が認められている大学では，2年間の授業料で修了できるような配慮がとられている。これは，前述の14条特例で就学している現職教員が，2年目は学校に戻って仕事の傍ら修士論文を完成させることは非常に難しいという現状に配慮した現実的な制度であろう。学校管理職養成という現職教員を対象とする各大学院では，選抜方法や学費，就学制度にも配慮した取り組みがなされていることは重要である。

3）各大学院のカリキュラムの特徴

　学校管理職の養成を目的とする各大学院では，カリキュラム編成も，それぞれの設置の背景等によって異なっている。その特徴を簡単に確認してみると次のような特徴をみることができる。

　まず，学校などのマネジメントに関する「理論知」と「実践知」と「技法」との結びつきを図るとともに，これを基盤に具体的な行動に展開していく教育実践力の形成を目指している千葉大院のスクールマネジメント専攻のカリキュラムは，経営実践を進めるマネジメント力の形成を目指し，理論の習得，技法の習得，実践化の三層による構成，およびそれぞれに関連する教育内容による

授業科目を学校のマネジメントに関する実践課題に即して配列して，全教員と院生による事例の検討，フィールドワークなど教育方法に工夫を図った授業を実現している。[12]

筑波大院のスクールリーダーシップ開発専攻スクールリーダーコースは，学校の諸問題を幅広い視野からとらえる共通基盤的知識を形成するとともに，学校におけるマネジメントとリーダーシップに関する理論と実践に基づいて「実践」を深く分析し，改善策を考案するダイナミックなカリキュラムとなっている。[13]

九大院教育システム専攻教育学コース学校改善専修は，たんに校長養成というよりも広く学校指導者，専門性に裏づけられた実践的研究者の養成を志向するカリキュラムが編成されている。[14] また，教育委員会から派遣された大学院生の受け入れを実施していないことも特徴である。

鳴教大院は学校管理職に必要な専門的知識の修得と実践的なトレーニングを重視した教育プログラムを編成している。

岡山大院は，これからの学校教育リーダーには，①学校経営のプロセスである Plan-Do-Check-Action のマネジメントサイクルに即した経営力，②学校が遭遇する可能性のあるリスクについて，危機の予知―危機の回避―危機への対応というリスクマネジメント力，③学校内外の環境や条件分析に基づく組織開発力，という3つの力量を核とする経営実践力が必要であるとしてカリキュラムを編成している。

東大院は，学校教育の高度化を推進する教育政策，教育行政・財政システム，学校経営の政策的，制度的な研究開発を行い，この領域の政策立案，行財政システム改革・経営・管理，政策評価等を遂行することのできる研究者と，指導的な行政官（教育行政職員，学校管理職・指導主事等）の養成を図るカリキュラム編成になっている。

名城大院は，「大学・学校の持続的革新力を生む戦略企画とマネジメントの手法を開発する教育経営職人材の育成」の実現を目指すことから，アカデミック志向ではなく，ミッション志向のカリキュラム編成となっている。

このように各大学院では，それぞれの目的に沿って特徴あるカリキュラムが組まれている。このような具体的なカリキュラムの相違とその結果としての多様性が生じていることも，大学院における学校管理職養成を，個々の大学の取り組みとしてのみでなく，総体としてとらえるときに重要な特徴である。

2．大阪教育大学大学院と兵庫教育大学大学院の取り組み

本研究では，大学院における学校管理職養成の具体的実践を確認することを目的に，2006（平成18）年度および2007（平成19）年度に，兵庫教育大学と大阪教育大学への訪問調査を実施した。以下では，訪問調査を行った2校の大学院について具体的に検討してみたい。具体的なケーススタディとして大阪教育大学と兵庫教育大学を選んだ理由は，前者には1996（平成8）年からの取り組みの蓄積があり，また，夜間課程として現職教員等への配慮がなされているためである。後者は，新構想大学として先駆的な取り組みがなされており，学校管理職養成についても蓄積をもつためである。

1）大阪教育大学大学院教育学研究科実践学校教育専攻スクールリーダー・コース

大教大院教育学研究科（修士課程）は，教員養成大学の大学院としては，1966（昭和41）年の東京学芸大学の大学院設置に次ぐ，1968（昭和43）年に設置された伝統のある大学院である。18の専攻（学校教育，障害児教育，国語教育，英語教育，社会科教育，数学教育，理科教育，家政教育，技術教育，音楽教育，美術教育，保健体育，養護教育，実践学校教育，国際文化，総合基礎科学，芸術文化，健康科学）を有し，実践学校教育専攻および健康科学専攻は夜間に開設されている。実践学校教育専攻は，現職教員が通学しやすいように天王寺駅から徒歩7分の天王寺キャンパスにおかれている。学校教育の理論的認識と反省的実践との統合を目指すことにより，現職教員の資質の向上を図るための専攻であり，1996（平成8）年の開設以降，すでに10年以上の歴史を持ち，200名以上の修了生を送り出している。さらに2007（平成19）年度からは，実

図表1-2　大教大院実践学校教育専攻スクールリーダー・コース

- 専門基礎科目（共通必修＊・選択必修）10単位……学校マネジメント学＊，スクールリーダー実践論＊，カリキュラム経営論＊（以上共通必修），教員研修・評価論，学校・社会連携論，教育法規運用論，学校の危機管理＊，組織行動論（以上選択必修）
- 専門発展科目（選択必修・自由選択）10単位……学校経営インターンシップ，スーパーバイザー実践，研究活動実践（以上選択必修），大阪の学校づくり，校長のリーダーシップ論，学校組織開発論，生徒指導組織論，授業経営論，学級経営論，進路指導論，学校事務組織論，教育行政組織論，基礎経営学，学校教育論（以上自由選択）
- 関係科目（選択必修・自由選択）10単位……A群（教育・心理・障害教育系）教育実践論，教育思想，道徳教育，学校教育史，世界の学校教育，教育調査実践，青少年文化論，人権教育論，教育と福祉，児童生徒の理解と指導，学校カウンセリング論，特別支援教育。B群（教科教育系）…各教科教育法（自由選択，A群・B群より最低2単位以上）

出所）　本章末の参考資料による

践学校教育専攻にスクールリーダー・コース，教職ファシリテータコース，授業実践者コースの3コースが設置されている。スクールリーダー・コースは，学校づくりの理論と技術を学び，学校の組織開発と教育活動の組織化を進める組織的リーダーシップ能力を高めるコースである。

　実践学校教育専攻スクールリーダー・コースのカリキュラムは，図表1-2に示すように，専攻の専門基礎科目10単位，専門発展科目10単位，関係科目10単位の合計30単位＋修士論文となっている。

　大教大院のカリキュラムは，学校マネジメント学，スクールリーダー実践論等の組織マネジメント能力の育成と合わせて，大阪の学校づくりや研究活動実践，教育実践論，児童生徒の理解と指導，学校・社会連携論等の教育実践力の育成，さらには学校事務組織論や教育行政組織論が組み込まれており，バランスのよい特色あるカリキュラム編成になっている。また開設科目に道徳教育に関する科目があることも特徴的である。法・人権教育に関しては，法・人権教育に対する基本的な視座を持つことが急務となっていることから，教育法規運用論，人権教育論，教育と福祉等の科目開設は先進的な取り組みと見ることができる。このように大教大院のカリキュラムは，組織マネジメント能力の育成にとどまらず，教員の力量形成に関する科目や学校経営において今後より重要

視されることが予想される学校事務等にも配慮した編成になっていることをみることができる。また，大教大院では，教育委員会との連携においても先駆的な取り組みがなされていることも，強調しておかなければならない。[16]

2）兵庫教育大学大学院学校指導職専攻

　兵教大院は，新構想による初の大学院大学として1978（昭和53）年に開設された。この兵教大院は，学校指導職専攻と教育実践高度化専攻の２つの専攻を有し，さらに教育実践高度化専攻は教育実践リーダーコース，小学校教員養成特別コース，心の教育実践コースの３コースで構成されている。各専攻の履修課程は，すべての院生が履修する「共通基礎科目」の20単位，専攻の専門分野について履修する「専門科目」の20単位（小学校教員養成特別コースは16単位），連携協力校で行う「実習科目」の10単位（小学校教員養成特別コースは14単位），修士論文に代わる「事例研究報告書」で構成され，修了単位数は50単位以上となっている。これは通常の大学院修士課程の修了要件単位数である30単位を大きく上回っている。兵教大院の教育課程の領域や科目設定の大きな特徴は，従来の教育学研究科において採用されてきた○○学や××論というような科目設定ではなく，現在学校現場に生じている課題やきわめて今日的な課題を，そのことが分かるような科目名で設定していることである。学校や教育委員会が日常的にしかも早急な解決を必要としている課題が想定されており，これらを領域名や科目名に使用することによって，現職教員が大学院で学ぶ意味を体感できる工夫がなされている。

　共通基礎科目は，高度な専門性を備えた中核的・指導的役割を担う教員を育成するために，全専攻の院生が共通に履修すべき６つの基礎的領域に設定された科目で，その授業内容・方法は，現職教員向けと学部卒業生向けの内容が用意されており，理論的な内容と事例研究の実践的内容を統合した科目を開設して，教員としての資質・能力の向上が図れるように工夫されている。

　兵教大院は，研究と実践の壁を取り払い，学校における実習が円滑に行えるように教育実践コラボレーションセンターを設置して，教育現場と教育行政に

図表1-3　兵教大院の教育実践高度化専攻教育実践リーダーコース

- 共通科目（必修＊・選択必修）20単位……教育課程の編成・実施に関する領域（特色あるカリキュラムづくりの理論と実際＊），教科等の実践的な指導方法に関する領域（授業の指導計画と教材研究の演習＊，授業での学習支援と指導法に関する事例分析＊，授業における評価の基準作成理論と学力評価法＊），生徒指導・教育相談に関する領域（児童生徒の問題行動に関する事例研究＊，学校における心の教育の実践研究＊），学級経営・学校経営に関する領域（教員のための学校組織マネジメントの実践演習＊，児童生徒を活かす学級経営の実践演習＊），学校教育と教員の在り方に関する領域（教員の社会的役割と自己啓発＊），その他の領域（人間的成長を促す教育の理論と実践，学校における特別支援教育への対応と方法，教員のための人権教育の理論と方法，教員のための情報処理演習）
- コース別選択科目（必修＊）20単位……教育行財政・法規に関する分野（教育行財政の制度と運用＊，教育施策の立案と評価＊，教育法規の理論と実務演習＊），学校組織開発に関する分野（学校組織マネジメントと学校評価＊，教職員職能開発と研修プログラムの開発＊），学校経営実践に関する分野（開かれた学校づくりの事例と実践演習＊，カリキュラム開発と学校の特色づくり＊，学校危機管理の理論と事例演習＊），フィールドワーク（学校改善のための教育調査法＊，学校改善プラン・教育行政改善プランの開発＊）
- 実習科目（選択必修）10単位……学校経営専門職インターンシップ，教育行政専門職インターンシップ

出所　本章末の参考資料による

精通したセンター長（元市教育長），コーディネーター，事務補佐員を配して連携協力校との連絡調整，共同研究の企画等が行われている。このような，大学院と学校等の連携の専任組織を置いた取り組みは注目に値するものである。さらに，兵教大院では，2004（平成16）年度より，教育委員会との連携による「学校管理職・教育行政職特別研修」にも取り組んでいる[17]。このように教育委員会等との連携がなされていることは重要である。

3）2つの大学院の取り組みから

これら大教大院と兵教大院の2つの大学院における学校管理職養成の取り組みは，いずれもパイオニアとして熱意を持った研究者教員が中心となり，強力な推進役になって進められてきたものであり，学問と実践を結びつけるカリキュラムをどのように作成するか，学校管理職の人事を司る教育委員会との連

携をどのように図るか，力量の高い実務家教員や実践に目を向けている研究者教員をどのようにして確保するか，一定人数の志願者をどうすれば確保できるかという難しい問題に取り組んでいる。両校の特徴として，目的に応じた特徴あるカリキュラム編成とともに，教育委員会や学校現場との綿密な連携を図っていることをあげることができる。このことがきわめて重要であることも，訪問調査により具体的に知ることができた。

3．本節のまとめ

本節では，2006（平成18）年度末時点の情報に基づいて，大学院における学校管理職養成の取り組みについて整理してきた。各大学院の取り組みは，その目的・目標，それに基づくカリキュラム編成等にそれぞれ特徴があることが示された。「学校管理職養成・研修」というひとつの言葉で整理される取り組みも，個別具体的な取り組みには相違があり，多様であるということができる。それぞれの大学院が独自にカリキュラムを開発することに多様性はあるものの，しかしながら，教育委員会や学校等との連携の重要性，実践を重視した積極的な取り組みには共通することも多い。多様性と共通性をもつそれぞれの大学院の取り組みは，相互に参照しながら，相互に改善することができる取り組みとして貴重なものであるとみることもできるだろう。

II．教職大学院におけるスクールリーダー・学校管理職養成の現状

2008（平成20）年4月より，開設された「教職大学院」において，スクールリーダー養成が行われている。本書がテーマとする学校管理職の養成は，後述するとおり，スクールリーダー養成に含まれるものである。前節でみた，2006（平成18）年度末時点における各大学院の学校管理職・スクールリーダー養成の取り組みは，教職大学院制度の発足により，教職大学院に移行したものも少

なくない。そこで、本節では、大学院におけるスクールリーダー・学校管理職養成の変化の動向を確認することで、教職大学院の現状を確認していきたい。

具体的には、教職大学院における現職教員の受け入れ方針に注目し、2008（平成20）年8月時点での教職大学院におけるスクールリーダー養成の現状を整理する。以下では、(1)教職大学院制度の創設の経緯と特徴を整理し、(2)創設時点での教職大学院の全体概要を確認する。そして、(3)各教職大学院におけるスクールリーダー・学校管理職養成の位置づけを整理し、最後に、(4)教職大学院における学校管理職養成の現状についてまとめることとする。

1．教職大学院制度の創設とその背景

2008（平成20）年4月、全国19大学（国立15、私立4）において、専門職大学院として教職大学院が創設された[18]。教職大学院とは、「専門職学位課程のうち、専ら小学校、中学校、高等学校、中等教育学校、特別支援学校及び幼稚園（以下「小学校等」という。）の高度の専門的な能力及び優れた資質を有する教員の養成のための教育を行うことを目的とし、本基準（＝専門職大学院設置基準：引用者注）に定められた一定の要件に基づくものを置く専門職大学院」（専門職大学院設置基準第26条）とされており、高度な専門的能力と優れた資質を有する小学校等の教員養成を目的とし、特別に定められた一定の要件を満たした専門職大学院である。

教員養成のための専門職大学院については、2003（平成15）年に専門職大学院制度が創設されたときからその必要性について議論や意見表明がなされてきた[19]。現在の教職大学院制度が創設される直接の契機は、小泉政権における三位一体改革に関連して議論された義務教育費国庫負担制度に対して、文部科学省として積極的に対応するための一環として、河村健夫文部科学大臣（当時）が教員の資質向上を目的とする「教員養成のための専門職大学院」構想を2004（平成16）年8月に打ち出したことによるとされている[20]。そして、教職大学院制度の具体的な制度構想は、2006（平成18）年に中央教育審議会が文部科学大臣に提出した答申「今後の教員養成・免許制度の在り方について」(2006（平

成18）年7月11日）による。この答申は，教員養成・免許制度の具体的な改革方策として，教員養成の質的向上のために学部段階に「教職実践演習」の新設・必修化，大学院段階での高度な専門性を有する教員養成のための教職大学院制度の創設，教員免許更新制の導入等を提言するものであった。

　このうち教職大学院については，2003（平成15）年に制度化された専門職大学院制度を活用するものであり「教員養成の分野についても，研究者養成と高度専門職業人養成の機能が不分明だった大学院の諸機能を整理し，専門職大学院制度を活用した教員養成教育の改善・充実を図るため，教員養成に特化した専門職大学院としての枠組み，すなわち『教職大学院』制度を創設することが必要である」とした。これは，旧来の教育学系大学院では個別学問分野・教科領域の専門性が重視されており，必ずしも明確に区分されていなかった研究者養成と高度職業人養成の機能を明確に区分することを要請するものであった。同答申では，教職大学院制度の具体的な基本方針や制度設計，カリキュラムイメージも示されており，具体的で明確な制度枠組みが示されていることが特徴である。そこでは，教職大学院は「学部段階での資質能力を修得した者の中から，さらにより実践的な指導力・展開力を備え，新しい学校づくりの有力な一員となり得る新人教員の養成」と「現職教員を対象に，地域や学校における指導的役割を果たし得る教員等として不可欠な確かな指導理論と優れた実践力・応用力を備えたスクールリーダーの養成」の2つの目的と機能が示されている。後に検討するように，既にその職にある現職教員を対象とする専門職大学院であることが，教職大学院の大きな特徴となっている。このような教職大学院制度は，当初2007（平成19）年度に創設される見込みであったが，教育基本法改正をめぐる国会論議を背景に延期され，2008（平成20）年度に制度が創設され各大学院が開講されることとなった。[21]

2．教職大学院の制度的特徴

　このような経緯を経て創設された教職大学院制度は，どのような特徴がみられるであろうか。その制度的特徴を示したものが図表1-4である。ここから

図表1-4　教職大学院の制度枠組みとその特徴

	教職大学院の制度枠組み	法科大学院・他の専門職大学院の制度枠組み
修業年限	標準2年	他の専門職大学院では標準2年 法科大学院では3年コースと2年コース
修了要件	・2年以上在学し，45単位以上を取得。 ・修了要件単位のうち10単位は実習を義務化 （現職経験をもって一定程度まで実習を免除可能）	・他の専門職大学院では2年以上在学し，30単位以上を取得 ・法科大学院では3年以上在学し，93単位以上取得
カリキュラムの共通性	(1) 各大学に共通するカリキュラムの枠組みを制度上明確化（「共通科目」・「学校における実習」・「その他の選択科目」によるカリキュラム構成。共通科目では領域として「教育課程の編成・実施に関する領域」「教科等の実践的な指導に関する領域」「生徒指導・教育相談に関する領域」「学級経営・学校経営に関する領域」「学校教育と教員の在り方に関する領域」の5領域にわたり，18単位以上の履修を指定） (2) 事例研究，授業観察・分析，フィールドワークなどを積極的に導入した指導方法	他の専門職大学院には存在しない
教員組織	・専門分野に関し高度の指導力のある専任教員を一定程度置く（最低11人以上） ・必要専任教員の4割以上を高度な実務能力を備えた実務家教員	他の専門職大学院は，実務家教員の比率が3割以上 法科大学院は，実務家教員の比率が2割以上
連携協力校	実践的指導力の教育のため「連携協力校」の設定を義務化	他の専門職大学院・法科大学院には存在しない
学位	専門職学位として「教職修士（専門職）」	他の専門職大学院では，専門職学位として「修士（専門職）」 法科大学院では，専門職学位として「法務博士（専門職）」
認証評価	5年ごとの認証評価	5年ごとの認証評価

教職大学院の特徴を次のように整理することができる。

それは，①修了要件単位数が他の専門職大学院（法科大学院を除く）より多く設定されていること，②カリキュラムにおける制度的共通性が強く規定されていること，③法科大学院を含む他の専門職大学院と比べて教員組織に占める実務家教員の割合が高く設定されていること，④授業方法について，事例研究，授業観察等を積極的に導入した指導方法をとることが要求されていること，⑤実習施設となる「連携協力校」の設定が義務づけられていること，である。

これらの特徴は，教員養成における実践的指導力の育成を制度的に担保するものとみることができる。また，教職大学院は「有力な新人教員の養成」と「スクールリーダーの養成」の2つの目的をもつことから，学部卒業者（ストレートマスターと称される）と現職教員を受け入れて，それぞれに対応した実践的指導力の向上を図ることが目指されることになる。法科大学院等の他領域の専門職大学院が，その専門職に就くことを希望する者を志願者として受け入れていることに対して，教職大学院では，それらの志願者のみでなく，現在すでにその専門職に就いている者（現職教員）や過去に就いていた者（教職経験者）をも受け入れることになる。このような現職者および現職経験者の専門的能力の高度化を図ることは，他領域の専門職大学院ではみられない特徴であり，専門職大学院のなかでもこの相違はきわめて大きい。

また，このような制度的特徴のうち，⑤実習施設となる「連携協力校」の設定が義務づけられていること，により派生的に生じる特徴がみられる。連携協力校は，修了要件として設定されている「学校における実習」の実習先として位置づけられるものであるが，そのために個々の教職大学院は，複数の初等・中等学校と連携・提携をもつ必要が生じている。そして，公立学校を対象とする場合には，個々の初等・中等学校との直接の連携のみでなく，学校の設置者である教育委員会との連携が求められることになる。そのため，多くの教職大学院では所在地の教育委員会との連携が行われている。例えば，東京都においては，東京都下に所在する4つの教職大学院と東京都教育委員会の間で協定が締結されており，教育委員会から各大学院に対する現職教員の研修派遣，連携

協力校の提供，東京都教育委員会からの教職大学院のカリキュラムの認定等が行われている。[22] このような教育委員会との連携は，その内容の程度に差はみられるが，各教職大学院に共通してみられるものである。このような学外機関との公的な協力協定がなされていることは，他の専門職大学院にはみられない教職大学院の制度的特徴のひとつとなっている。

このように，教職大学院と他の専門職大学院を比較しながらその特徴を整理すると，教職大学院は専門職大学院のなかでも，異なる特徴が制度化されていることがわかる。つまり，教職大学院は他の領域の専門職大学院との共通する部分と異なる部分があり，その異なる部分は教員養成およびスクールリーダー養成という教職大学院の固有の目的に由来するものとなっているのである。

3．創設初年度（2008年度）の教職大学院の状況

それでは，このように創設された教職大学院はどのような量的規模，学生の特徴があるのであろうか。文部科学省の調査をもとに，2008（平成20）年に創設された教職大学院の入学定員，志願者数，合格者数，入学者数の現状を確認しておきたい。[23] このような量的規模は，教職大学院制度を検討するための前提となるものである。

図表1-5より，まず，入学定員をみると2008（平成20）年度の19大学全体での入学定員は706名となっている（国立15校で571名，私立4校で135名）。入学志願者は，全体で944名（国立695名，私立249名），そのうち，現職教員等が446名として47.2％を占めている。合格者は，全体で682名（国立553名，私立129名）であり，そのうち，現職教員等が363名として53.2％を占めている。入学者は，全体で644名（国立522名，私立122名）であり，そのうち，現職教員等が352名として54.7％を占めている。すなわち，発足時の教職大学院においては，志願者・合格者・入学者の半数程度を「現職教員等」が占めていることがわかる。つまり，教職大学院の「有力な新人教員の養成」と「スクールリーダーの養成」の2つの目的は，志願者や入学者の動向からも等しく追求することが求められる状況にあるといえるだろう。

図表1-5　教職大学院の入学定員志願者数，合格者数，入学者数の動向（平成20年度）

区　分	入学定員(A)	志　願　者　数			合　格　者　数			入　学　者　数		
		現職教員等	学部新卒者	計(B)	現職教員等	学部新卒者	計	現職教員等	学部新卒者	計
国　立(15大学)	571	300	395	695	286	267	553	279	243	522
私　立(4大学)	135	146	103	249	77	52	129	73	49	122
合　計(19大学)	706	446	498	944	363	319	682	352	292	644

注）　1．平成20年4月20日現在
　　　2．「現職教員等」「学部新卒者」の定義は，大学によって異なる。（どれくらいの教職経験を持つ者を現職教員とするか。現職教員以外の社会人，大学院修了者等をどちらに含めるか，など）
　　　3．複数回募集を行った大学の「志願者数」及び「合格者数」は，各回の合計値
出所）　文部科学省ホームページ「平成20年度教職大学院入学者選抜実施状況の概要」[23]

4．教職大学院における学校管理職養成の位置づけ

　それでは，このように実践的指導力を養成することが制度上担保され，「有力な新人教員の養成」と「スクールリーダーの養成」の2つの目的を，理念的にも実際的にも実現することが求められている教職大学院において，学校管理職養成はどのように位置づけられているのであろうか。

　教職大学院制度においてはスクールリーダーが，「将来管理職となる者を含め，学校単位や地域単位の教員組織・集団の中で中核的・指導的な役割を果たすことが期待される教員（中核的中堅教員）」と定義されている。すなわち，「スクールリーダー」という用語が，学校管理職候補者のみでなく中堅教員を広く含んだ概念として用いられていることが特徴である。この用法はこれまで日本教育経営学会等で定義され用いられてきた概念と異なるものであり[24]，そして，特定の職位が想定されていないことから制度的基盤が曖昧であるとの指摘がなされている[25]。教職大学院における，スクールリーダーの位置づけや学校管理職養成の位置づけについては制度設計過程でも各種の議論がなされていた[26]。

しかし，最終的には，教員免許制度との関係や教育管理職登用制度との関係，教職大学院制度創設と同時期に中央教育審議会で議論がなされ，2007（平成19）年の学校教育法改正において創設された副校長・主幹教諭・指導教諭等の学校における「新しい職」の制度との関係など，教員養成や教員の職位・職業ライフステージに関連する周辺諸制度との関係は明確にされなかった。これらのことも，教職大学院制度における「スクールリーダー」の概念が幅を持つ背景のひとつとなっている。つまり，教職大学院においては，スクールリーダーという概念で，中堅教員を幅広くとらえており，必ずしも学校管理職に限定されているわけではない。しかし，教職大学院が養成するスクールリーダーが学校管理職候補者を含む概念とされていることから，大学院における学校管理職養成の検討の対象に教職大学院も含まれることになる。

5．各教職大学院の現職教員等に対する入試区分とコース設定からみた相違と特徴

　教職大学院における「スクールリーダー」養成は，学校管理職養成を含みながら，幅広い概念としてとらえられている。そこで本節では，各教職大学院が現職教員等をどのように受け入れ，どのような教育提供を行っているかに着目することで，教職大学院におけるスクールリーダー養成の特徴を整理してみたい。中核的中堅教員としてのスクールリーダーという目標とする教員像を持つ教職大学院制制度において，現職教員をどのように受け入れ，どのように教育提供を行うかが，スクールリーダー養成の取り組みの要素となると考えるためである。以下では，2008（平成20）年度に開設された19校の教職大学院の入試制度とコース区分等を整理することにより，教職大学院における現職教員の受け入れとスクールリーダー養成について検討したい（図表1‐6）。ここから，教職大学院における現職教員等への対応には2種類の方法があることがわかる。

　第1の方法は，入試区分において，現職教員等を対象とする区分を設定する方法である。現職教員等の要件を指定し，試験科目や内容を異なるものとして設定する大学院が多い。このとき注目すべきことは，現職教員等の要件の設定

図表1-6　2008年度開設教職大学院19校の

区分	大学院名	研究科名	専攻名	コース 等	入学定員
国立	北海道教育大学大学院	教育学研究科	高度教職実践専攻	学級経営・学校経営コース 生徒指導・教育相談コース 授業開発コース	45人
国立	宮城教育大学大学院	教育学研究科	高度教職実践専攻	－	32人
国立	群馬大学大学院	教育学研究科	教職リーダー専攻	児童生徒支援コース 学校運営コース	16人
国立	東京学芸大学大学院	教育学研究科	教育実践創成専攻	－	30人
国立	上越教育大学大学院	学校教育研究科	教育実践高度化専攻	教育実践リーダーコース 学校運営リーダーコース	50人
国立	福井大学大学院	教育学研究科	教職開発専攻	教職専門性開発コース スクールリーダー養成コース	30人
国立	岐阜大学大学院	教育学研究科	教職実践開発専攻	学校改善コース 授業開発コース 教育臨床実践コース 特別支援学校コース	20人
国立	愛知教育大学大学院	教育実践研究科	教育実践専攻	教職実践基礎領域 教職実践応用領域	50人
国立	京都教育大学大学院	連合教職実践研究科	教職実践専攻	授業力高度化コース 生徒指導力高度化コース 学校運営力高度化コース	60人
国立	兵庫教育大学大学院	学校教育研究科	教育実践高度化専攻	学校経営コース 教育実践リーダーコース（昼） 教育実践リーダーコース（夜） 心の教育実践コース（昼） 心の教育実践コース（夜） 小学校教員養成特別コース	100人
国立	奈良教育大学大学院	教育学研究科	教職開発専攻	－	20人
国立	岡山大学大学院	教育学研究科	教職実践専攻	－	20人
国立	鳴門教育大学大学院	学校教育研究科	高度学校教育実践専攻	学校・学級経営コース 学校臨床実践コース 授業実践・カリキュラム開発コース 教員養成特別コース	50人
国立	長崎大学大学院	教育学研究科	教育実践専攻	子ども理解・特別支援教育実践コース 教育開発・授業実践開発コース 理科・ICT教育実践コース 国際理解・英語教育実践コース	20人
国立	宮崎大学大学院	教育学研究科	教職実践開発専攻	学校・学級経営コース 生徒指導・教育相談コース 教育課程・子育開発コース 教科領域教育実践開発コース	28人
私立	創価大学大学院	教職研究科	教職専攻	人間教育実践リーダーコース 人間教育プロフェッショナルコース	25人
私立	玉川大学大学院	教育学研究科	教職専攻	－	20人
私立	早稲田大学大学院	教職研究科	高度教職実践専攻	－	70人
私立	常葉学園大学大学院	初等教育高度実践研究科	初等教育高度実践専攻	学校組織経営コース 授業・教育開発コース 地域教育課題コース	20人

出所）各校の2009年度入試要項より作成

現職教員への対応（入試区分とコース設定）

教職経験者の入試区分	現職教員対象の入試の出願要件	現職教員への特別のコースの有無等
有	5年以上の教職経験	－
有	現職派遣教員	－
有	3年以上の教職経験	－
有	現職者教育委員会からの派遣	【1年履修プログラム】現職教員選抜・派遣教員選抜の進学者のうち、常勤の現職教員として5年以上の経験を有する者は、「1年履修プログラム」の履修を希望することができる。
無	－	【学校運営リーダーコース】教育職員免許法による幼稚園、小学校、中学校若しくは高等学校の教諭若しくは養護教諭の専修免許状又は一種免許状を有する者であって、初等中等教育における10年以上の教職経験を有するもの又はそれに準ずる社会経験を有するものと認められるもの
無	－	【スクールリーダー養成コース】地域や学校でスクールリーダーとしての実践力・マネジメント力を培うことをめざす現職教員で、国公私立学校等所属長からの承認を得た者。ただし、学校拠点方式での授業を受けることができる者は、本専攻・当該教育委員会・当該学校との協定を結んでいる拠点校に在職する教員に限る。
有	現職教員	
有	5年以上勤務する現職	【教職実践応用領域】入学時において、現職教員及び教育関係諸機関に常勤職員として在籍している者で、平成21年3月末日現在で常勤として5年以上の経験を有する者
有	3年以上の教職経験	【学校経営力高度化コース】10年以上の教職経験を有する現職教員に限り募集。
有	3年以上の教職経験	【学校経営コース】学校教育法施行規則第20条の「教育に関する職」を3年以上経験した者及びその他の職業において本採用として3年以上の経験を有する者（教員免許・教職経験のない民間企業等の出身者）を募集【授業実践リーダーコース】【心の教育実践コース】教職経験者及び教職経験者以外で教員免許状取得済みの者並びに取得見込みのものを募集。両コースとも、夜間クラスは教職経験者のみの募集。
有	現職者	
有	現職者	
無	－	【学校・学級経営コース】【学校臨床実践コース】【授業実践・カリキュラム開発コース】3年以上の教職経験を有する者、3年以上の職をもつ社会人
無	－	【1年生プログラムの要件】1年プログラムは、次の要件をすべて満たす現職教員に適用される。 ① 正規職としての教職経験が10年以上ある者、又は、同等の教育実践経験がある者 ② 教育職員免許状（一種）を有する者 ③ 教育実習10単位のうち、6単位を免除される者 ④ 1年次前期において優秀な成績を残すことができ、後期に履修上の制限を超えて、修了要件単位を修得できると判断できる者
有	6年以上の教職経験者4年以上6年以上の現職教員	
無	－	【人間教育実践リーダーコース】次の要件の全てに該当する者 ① 学校教育法施行規則第8条の「教育に関する職」を10年以上 ② 都道府県市教育委員会や学校法人等から推薦を受けた者
無	－	【短期履修学生制度（1年での履修）】小学校での教職実務経験が10年以上あり、入学者受け入れ方針に合い、審査に合格した場合（「学校における実習」免除者）には、1年で終了が可能となる ※小学校現職教員には、現在は小学校教員ではないが、過去に小学校等での教職実務年数が10年以上ある者を含む。小学校の「教職実務年数」とは、小学校1種または2種の免許状を有し、専任教員として小学校で勤務した年数をさす。
有	現職教員もしくは3年以上の経験者	【1年制コース】現職教員・教職経験者で、「現職経験年数5年以上」かつ「学級担任（副担任は除く）や各種主任等の職務経験年数3年以上」の場合、申請により認められれば、実習科目の一部が単位認定され、1年制コースの出願が可能
有	小学校教諭1種免許状を持ち、5年以上実務経験	【1年での修了可能】小学校教諭1種免許状を有し、5年以上の実務経験を持ち、教育委員会等から推薦書を有する者は、「学校における実習」の全部もしくは一部を申請により免除されることにより、1年間で修了することができる

の仕方である。現職であればよいとする大学院もあれば，勤務年数を設定する大学院もある（勤務年数についても，3年とする大学院から6年以上の現職経験を必要とする大学院まで幅がみられる。また，非常勤講師経験を勤務年数に含む大学院もあれば含まない大学院もある）。このような現職教員等の要件設定から，それぞれの大学院が想定している対象者，それに即した教育内容の相違を推察することができる。

　第2の方法は，現職教員等のみを対象としたカリキュラムのコースを設定する方法である。7校において，そのようなコースが置かれている。これらの7校のコースはすべて，学校経営やスクールリーダー養成をテーマとするものであり，学校組織の中での指導力養成を目的とするものとなっている。これらのコースではコース別の入試区分がとられている大学院もあり，その場合，前述の入試区分の設定と同じ意味を持っている。

　このようなコース制をとることは，修了要件である45単位の授業科目のうち，共通科目18単位と実習科目10単位を除く17単位分の授業について，コースとして現職教員のみの授業クラスを指定することができることになる。そして，コースカリキュラムを通じて，同期入学者を同僚集団（コーホート）ととらえた対等性・同僚性を基盤とする相互研鑽を可能とすることができる。このことは，教職経験を基盤とした効果的な教育成果を期待するものであり，到達目標を共有することで教育達成を目指す取り組みとして重要な意味をもつものである。

　他方，現職教員のみを対象とするコース制をとらない場合，学部新卒者と現職教員学生が同じ授業クラスを履修することになる。授業クラスを，新人教員（＝学部新卒者）を含んだ多様な学校現場として疑似的に想定し，現職教員学生が学部新卒学生と相互に学び合うことで多様な教育・学校現場での対応を身につけることも可能となる。

　このような現職教員学生と学部新卒学生の混合形式，分離形式の授業形態のどちらが教職大学院におけるスクールリーダー養成に適しているかは，各大学院のカリキュラムの目的や設定されるコースによって異なるため，一概に言う

ことはできない。両者を組み合わせたカリキュラムや授業運営の方法も考えられる。どのような授業形式を採用するかは，「有力な新人教員の養成」と「スクールリーダーの養成」の2つの目的を，個々の教職大学院がどのように位置づけるかによっても異なるものであろう。現時点で言えることは，現在の各教職大学院の取り組みがこのように多様であることが，教職大学院の制度のあり方に対して重要な意味を持っていることである。

6．教職大学院の現状

　これまで教職大学院の制度的枠組みと現職教員等の受け入れ制度の状況について確認してきた。ここで，スクールリーダーおよび学校管理職養成の観点から，教職大学院制の現状を再度整理してみたい。
　教職大学院制度は，専門職大学院設置基準等により制度的枠組みが強く規定されることで，実践的力量形成が制度的に担保されるようになっていた。その意味では，教職大学院には強い共通性が存在している。
　スクールリーダー・学校管理職養成の観点から教職大学院をみると，「有力な新人教員の養成」と「スクールリーダーの養成」の2つの目的のなかで，スクールリーダーという概念で，中堅教員育成を幅広くとらえており，必ずしも学校管理職に限定されているわけではなかった。しかし，教職大学院が養成するスクールリーダーが学校管理職候補者を含む概念とされていることから，大学院における学校管理職養成の検討の対象に教職大学院も含まれることになる。そこで，スクールリーダー養成の観点から現職教員の受け入れ体制を確認すると，各大学院において入学試験区分や受験資格，コース制の採用等，取り組みは異なっていた。つまり，個別具体的な取り組みでは多様な制度となっているのである。このような共通性と多様性が共存する教職大学院の現状は，進学者の選択を可能としている点で重要である。無秩序の多様性ではなく，共通の枠組みの中での多様性は，一定の制度的保証がなされた上での選択可能性を意味しているということができる。
　このような選択可能性な制度としての教職大学院は，そこでのスクールリー

ダー養成の意義を考えるために重要であろう。スクールリーダーを広くとらえている教職大学院制度における多様性は，多様なスクールリーダー養成を育成することにつながるとみることができるためである。

Ⅲ．教職大学院制度創設以降の大学院における学校管理職養成

1．はじめに―本節の目的

本章では，2006（平成18）年度末時点での大学院における学校管理職養成の動向をⅠで整理し，次いでⅡでは，2008（平成20）年8月時点の情報をもとに，教職大学院におけるスクールリーダー・学校管理職養成の取り組みについて確認した。これらの検討により，2006（平成18）年度末と2008（平成20）年時点での大学院におけるスクールリーダー・学校管理職養成の概況をみることができた。本節では，Ⅰ・Ⅱでみた動向をもとに，2時点間の変化を踏まえて，大学院における学校管理職養成の特徴と課題を，特に制度面を中心に確認することにしたい。

2．教職大学院制度創設による大学院における学校管理職養成の現状と課題

2008（平成20）年4月に教職大学院制度が発足し，19校の教職大学院が開設された。発足した教職大学院のなかには，以前より，学校管理職養成に取り組んできた蓄積をもつ大学院もある。他方，教職大学院制度の発足以前より，学校管理職養成に取り組んでいた大学院の中には，教職大学院への転換を行わず，これまでと同じように学校管理職養成に取り組んでいる大学院もみられる[27]。そこで，まず，2008（平成20）年時点において，教職大学院を含めた大学院におけるスクールリーダー・学校管理職養成の全体像を確認しておきたい。図表1

図表1-7　大学院においてスクールリーダー・学校管理職養成を行っている大学院（順不同）

2006年度末（9校）	
国立	千　葉　大　学
国立	大　阪　教　育　大　学
国立	兵　庫　教　育　大　学
国立	筑　波　大　学
国立	九　州　大　学
国立	鳴　門　教　育　大　学
国立	岡　山　大　学
国立	東　京　大　学
私立	名　城　大　学

2008年4月（30校）	
国立	千　葉　大　学
国立	大　阪　教　育　大　学
国立	※　兵　庫　教　育　大　学
国立	筑　波　大　学
国立	九　州　大　学
国立	※　鳴　門　教　育　大　学
国立	※　岡　山　大　学
国立	東　京　大　学
私立	名　城　大　学
国立	※　北　海　道　教　育　大　学
国立	※　宮　城　教　育　大　学
国立	※　群　馬　大　学
国立	※　東　京　学　芸　大　学
国立	※　上　越　教　育　大　学
国立	※　福　井　大　学
国立	※　岐　阜　大　学
国立	※　愛　知　教　育　大　学
国立	※　京　都　教　育　大　学
国立	※　奈　良　教　育　大　学
国立	※　長　崎　大　学
国立	※　宮　崎　大　学
私立	※　創　価　大　学
私立	※　玉　川　大　学
私立	※　早　稲　田　大　学
私立	※　常　葉　学　園　大　学
国立	＊　静　岡　大　学

注）　国立は国立大学
　　　私立は私立大学
　　　※は教職大学院
　　　＊は，2009年度に教職大学院に移行予定

-7は，2006（平成18）年度末と2008（平成20）年4月の2時点において，スクールリーダー・学校管理職養成を行っている大学院を示したものである。2006（平成18）年度末時点では，学校管理職養成に取り組む大学院は9校であったことに対して，教職大学院制度の発足等により2008（平成20）年4月には30校に増加していることがわかる。このことを前提に，現在の大学院におけるスクールリーダー・学校管理職養成の特徴を整理すると，次の3点を指摘することができるだろう。それは，1)大学院におけるスクールリーダー養成の拡大，2)教職大学院と修士課程大学院が併存していること，3)学校における職位・職階との関連が未整備であること，である。

1) 大学院におけるスクールリーダー養成の拡大

　第1の特徴は，教職大学院の発足により，スクールリーダー養成に取り組む大学院が急増していることである。このことは量的な拡大とともに，地域的な広がりと取り組み主体の広がりを伴っている。

　地域的な広がりについては，例えば，2006（平成18）年度末時点では，北海道・東北地方において，スクールリーダー・学校管理職養成に取り組む大学院はみられなかった。しかし，2008（平成20）年4月に，北海道教育大学・宮城教育大学において教職大学院が発足したことにより，北海道・東北地域でも，スクールリーダー養成が取り組まれている。他方，地域的な広がりをみると，2006（平成18）年度時点では，9都県にのみみられたが，2008（平成20）年度時点では，20都道府県に拡大している。さらに，取り組み主体の広がりについては，2006（平成18）年度時点では国立大学の取り組みが中心であったが，複数の私立大学が教職大学院を創設したことにより，2008（平成20）年度時点では，設置主体の多様化が進んでいる。このような地域的広がりや設置主体の多様化は，地域のニーズや多様な教育主体（例えば，私立学校）のニーズに対応したスクールリーダー養成ができる可能性を有するものである。

　さらに，すでに2009（平成21）年度以降の教職大学院開設を準備する動きもあり，この後，スクールリーダー・学校管理職養成に取り組む大学院はさらに

増加することが予想される。教職大学院の適正な地域配置や量的規模のあり方については別に議論が必要であるが，現在のところ，大学院におけるスクールリーダー養成の動きは量的拡大の方向にあるということができる。

2）教職大学院と修士課程大学院の併存

　第2の特徴は，教職大学院の発足により，専門職学位課程である教職大学院によるスクールリーダー養成と修士課程による大学院（以下では，修士課程大学院とする）におけるスクールリーダー・学校管理職養成が併存していることである。このことにより，2点の検討するべき課題が生じている。

　第1の課題は，教職大学院と修士課程大学院は，教育課程の違いが大きいことである。本章Ⅱにおいて示されているとおり，教職大学院は，「学校における実習」を含め，修了要件となる教育課程の大枠が専門職大学院設置基準等によって法令で定められている。したがって，教育課程の大枠が共通する制度となっている。他方，修士課程大学院においては，教育課程はそれぞれの大学院が定めるものであり，共通の枠組みは存在していない。したがって，各大学院において必要とする教育課程を独自に設定することができる。この相違は，例えば，教職大学院において修了のために必修科目とされている「学校における実習」を考えてみると具体的に明らかになる。教職大学院では，原則としてすべての学生に対して，修了要件として「学校における実習」が課せられている。しかし，修士課程大学院においては，修了要件として学校での「実習」科目を設定している大学は少ない。他方，修士課程大学院では，多くの場合修了要件として修士論文が課されるが，教職大学院では修士論文は制度上存在しない。つまり，教職大学院と修士課程大学院では，課程修了要件，つまり学位取得要件の基本的な考え方が異なっているのである。つまり，スクールリーダー・学校管理職養成が異なる大学院制度をもとに構築されているため，その教育課程の違いをどのように理解するべきかという課題が生じているのである。

　第2の課題は，スクールリーダー・学校管理職養成を「大学院」として行う際の，その教育課程の質保証制度の在り方の問題である。教職大学院に対して

は，専門職大学院として認証評価機関による評価を受けることが義務づけられており（学校教育法第109条3項），教育課程，教員組織その他教育研究活動の状況について，定期的な評価（5年以内に1度）が行われることになっている。このことに対応するために，現在，教職大学院を対象とする専門分野別認証評価機関の設立が進められている。(29)しかし，修士課程による大学院には，現時点においては，その教育課程等に対する専門分野別評価を受けることは制度化されていない。したがって，その質保証は個々の大学院の自己努力に委ねられている。「大学院」としてスクールリーダー・学校管理職養成を行う際に，その教育課程や組織運営等の継続的な質保証の在り方を制度上どのように位置づけるかは，今後，重要な論点となるものと思われる。

このような，教職大学院と修士課程大学院が併存することによる2つの課題は，同じ「大学院」であるとしても，専門職大学院と修士課程大学院として学位課程が異なることによるものであり，それぞれの大学院制度の違いを直接反映するものである。本章Ⅱでは，教職大学院の特徴のひとつとして「共通の枠組みの中での多様性」を指摘した。このことに対比すると，「大学院」での学校管理職・スクールリーダー養成の現状は，異なる大学院制度を背景にした，共通性のない多様性が生じているということができる。学校管理職およびスクールリーダーの養成が共通の目的とされながら，異なる大学院制度が用いられていることにより生じるこのような課題をどのように考えるかは，今後，高等教育を学位プログラムとしてとらえ，教育目標と学位および教育課程，教育成果の実質的な関係が議論されていくなかでも論点となるものと思われる。

3）学校における職位・職階との関連の未整備状況

第3の特徴は，大学院における学校管理職やスクールリーダーの養成と，学校における職位や職階との関連が明確にされていないことである。本章第2節で指摘しているとおり，教職大学院の制度化の過程においては，2007（平成19）年の学校教育法改正で創設された副校長等の学校における「新しい職」との関係や教員免許制度との関係を整理することは見送られた。

さらに，教職大学院に対しては，教職大学院修了者の採用・処遇における公平性を確保するために，「その修了者が教員としての一定の資質を備えているとの先験的な前提に立って，制度的に大学学部卒業者や一般大学修了者等と異なる措置を講じることは適当ではなく，修了者の実績等を踏まえ，都道府県教育委員会等において選考の公平性に留意しつつ対応する」ことが，規制緩和の立場から求められている。(30)これは教職大学院修了者を優先的に公立学校教員として採用することは，それ以外の大学・大学院からの就職希望者に対する規制となるとする考え方である。

　教職大学院においても修士課程大学院においても，スクールリーダーや学校管理職養成の教育プログラムの対象は，多くの場合，現職教員であり，大学院修了後には勤務校等への復帰が前提となっている。そのため，修了者の優先採用の問題は，大学院におけるスクールリーダー養成には必ずしも直接該当するものではない。しかし，一方で，スクールリーダー養成のための教育プログラムを受講することと，修了後に学校管理職としての職位が与えられることとの関連も明確ではない。学校管理職の任用は，任命権者である都道府県・政令市の教育委員会の管轄事項であり，原則として大学院側が判断できることではないためである。すなわち，大学院におけるスクールリーダー・学校管理職養成の課題として，修了者の処遇の在り方，大学院修了後の職業キャリアの在り方に対して，大学院がどのように教育委員会と連携していくかが課題となるのである。さらに，前述の規制緩和の立場から指摘されている修了者の採用・処遇に対する公平性への留意は，修了者の学校管理職としての職位形成も含まれていると解釈することもできる。

　この課題を考えるに当たっては，管理職試験合格者に対する管理職候補者研修の一環として，教職大学院への現職教員の派遣を行っている東京都教育委員会の取り組みを，特別の意味をもつものとして注目したい。(31)東京都教育委員会では，教職大学院への現職教員の派遣として，都教育委員会の実施する管理職候補者選考合格者に対する公費派遣制度と，希望者の研修派遣制度の2種類の方法を行っている。(32)このうち，前者の管理職候補者選考合格者への公費派遣制

度は，教職大学院が学校管理職養成の一環として教育委員会の研修プログラムに制度的に組み込まれていることを意味している。このことは，教職大学院にとってはスクールリーダー養成を実現することにつながると同時に，教育委員会にとっては学校管理職の養成方法の選択肢を広げることにつながり，また，対象教員にとっては教育理論と実践の融合を体系的に習得することができることを意味している。このような，教育委員会による制度的な位置づけは，関係三者にとって望ましい形態としてみることができるだろう。

3．おわりに

　本節では，大学院における学校管理職養成の現状と課題を検討するために，2006（平成18）年度末と2008（平成20）年の2時点間の比較を通じて，大学院における学校管理職養成の特徴と課題を整理した。2008（平成20）年の教職大学院の発足により，大学院におけるスクールリーダー・学校管理職養成は転換点を迎え，過渡的な状況にあるといえる。今後，現在生じつつある課題については，個々の大学院において対応されることが望ましいものと，制度全体として検討が必要なものに分けて整理していくことも必要になると思われる。

　例えば，修了後の処遇をめぐる課題は，個々の大学院が，どのようなアドミッションポリシーに基づき現職教員を迎え入れ，どのようなカリキュラムポリシーに基づいてスクールリーダー・学校管理職養成の教育課程を編成し，どのようなディプロマポリシーに基づいて修了を判定するかということを明確にした上で，現職教員の派遣元となる教育委員会との連携に臨むことが重要になる。教育委員会では，どのような学校管理職を必要としているのか，学校管理職の養成課程をどのように考えるのか，学校管理職養成に大学院での研修をどのように位置づけるか，を明らかにした上で，個々の大学院との連携に臨むことが重要になるだろう。大学院と教育委員会のそれぞれの機能と役割の相違を明確にした上での連携が重要であり，それは，個々の大学院や教育委員会によって変わってくるものと思われる。

　他方，教職大学院と修士課程大学院が併存することで生じている課題は，大

学院におけるスクールリーダー・学校管理職養成の制度的・全体的な課題であり，個々の大学院としての対応よりも，大学院制度の在り方や大学院の連合体として取り組まれることが望まれる課題であろう。制度全体として，大学院におけるスクールリーダー・学校管理職養成をどのように考えるかということにつながる課題であるためである。

　このように教職大学院制度の創設により新しい段階に入り，過渡期にある「大学院」における学校管理職養成はいくつかの課題も有している。スクールリーダー・学校管理職養成において大学院の役割が拡大するなかで，過渡的な段階から制度的な安定を図るための対応がどのようになされていくかを引き続き注視していきたい。

【注】
（1）　本節は，「学校管理職養成・研修制度の実態と課題（中間報告）」早稲田大学教育総合研究所編『早稲田教育評論』第21巻第1号，2007年，81-86頁をもとに，一部修正を行ったものである。なお，大学院におけるスクールリーダー養成については，『教職研究』（教育開発研究所）において，2004年度，2006年度，2007年度，2008年度にわたって継続的に連載がなされている。本稿の執筆にあたって，これらの掲載記事も先行研究として参照している。なお，『教職研究』誌では本書が取り上げていない，文部科学省教員養成GPの事例も含まれており，スクールリーダー養成の動向についての包括的な紹介がなされている。
（2）　天笠茂「『臨床の知』の探求を基盤にしたマネジメント能力の開発」『教職研修』2007年6月号，72頁。
（3）　大脇康弘「スクールリーダーのための夜間大学院：大阪教育大学・実践学校教育専攻」『教職研修』2006年12月号，68頁。
（4）　同上，68-69頁。
（5）　同上，69頁。
（6）　大脇康弘「『理論知―実践知交流型』カリキュラム開発」『教職研修』2007年7月号，130頁。
（7）　加治佐哲也「兵庫教育大学大学院『スクールリーダーコース』学校指導職専攻」『教職研修』2006年11月号，70頁。

（8） 浜田博文「『専門深化・コース交流による実践研究奨励』型カリキュラム開発：筑波大学」『教職研修』2007年5月号，124頁。
（9） 八尾坂修「学校改善ストラテジー型カリキュラム開発：九州大学」『教職研修』2007年8月号，66頁。
（10） 同上。
（11） 北神正行「岡山大学大学院『教育組織マネジメント専攻』」『教職研修』2006年10月号，134頁。
（12） 天笠茂，前掲論文，73-74頁。
（13） 浜田博文，前掲論文，127頁。
（14） 八尾坂修，前掲論文，66頁。
（15） 大阪教育大学の取り組みについては，中井浩一『大学「法人化」以後』中央公論新社，2008年，256-275頁においても，その経緯を含めて解説がなされている。
（16） 大学院と教育委員会の連携については，大脇康弘「大学と教育委員会との連携の在り方―スクールリーダー教育を中心に」『教職研究』2007年2月，76-80頁。
（17） 兵庫教育大学の「学校管理職・教育行政職特別研修」については，竺沙知章「教委連携型管理職研修講座：兵庫教育大学」『教職研修』2006年8月，124-127頁に詳しい。
（18） 静岡大学は，2008年4月より，教職大学院の教育課程に準じた「大学院教育学研究科学校教育専攻高度教育実践専修」を開設している。この新専修は2009年度に教職大学院に転換することが予定されている。
（19） 例えば，専門職大学院制度が議論された国会審議の中で，教員養成に専門職大学院についての質問がなされている。（2002年4月19日 衆議院文教科学委員会，2002年11月12日 衆議院法務委員会）
（20） 大脇康弘「教職大学院の制度設計と運営」『教職研修』2008年4月号，68頁。
（21） 朝日新聞 2006年5月23日朝刊3面。
（22） 東京都教育庁「東京都教育委員会と教職大学院を設置する大学との連携について」2007年6月14日。
（23） 文部科学省「平成20年度教職大学院入学者選抜実施状況の概要」
http://www.mext.go.jp/a-menu/koutou/kyoushoku/kyoushoku/08082603.htm
（2008年9月30日確認）
（24） スクールリーダーの概念については，大脇康弘「スクールリーダー教育のシ

ステム構築に関する争点—認識組みと制度的基盤を中心に」『日本教育経営学会紀要』47号，2005年に詳しい。
(25) 大脇康弘，前掲論文，2008年。
(26) 例えば，「中央教育審議会初等中等分科会教員養成部会専門職大学院ワーキンググループ第8回（2005年6月27日）議事要旨」によれば，スクールリーダー概念の議論が行われており，校長・教頭という学校管理職，教務主任等の関連が議論されている。
(27) 例えば，大阪教育大学では，「『教職大学院』を設置しないという選択をした」とされ，これまで取り組まれてきた「夜間大学院が，実質的に教職大学院の役割を果たしている」とされている。中井浩一，前掲書，256頁。
(28) 2008年6月末の時点では，5大学（国立3大学，私立2大学）から2009年度開講予定として，教職大学院の新設申請が文部科学省に出されている。
(29) 日本教育大学協会では，2007年度より，教職大学院評価機関開設設置特別委員会を設置し，教職大学院の認証評価の在り方について検討を行っている。この検討は，文部科学省「大学評価研究委託事業」となっている。同委員会により，2008年3月に『教職大学院認証評価機関設立のための調査研究報告書』が公表されている。また，2008年10月16日には，教職大学院の相互団体として教職大学院協会が設立されている。
(30) 「規制改革推進のための3か年計画」平成19年6月22日閣議決定，および，規制改革会議「教職大学院修了者の採用・処遇における公平性の確保について」2008年5月30日。
(31) 東京都における教職大学院の課題等検討委員会「東京都における教職大学院の活用について（報告）」2006年8月，および，東京都教育庁「東京都教育委員会と教職大学院を設置する大学との連携について」2007年6月14日。
(32) ただし，2008年度においては，東京都教育委員会が連携している4つの教職大学院のすべてに，2種類の現職教員が派遣されているわけではない。早稲田大学には，管理職候補者選考合格者は派遣されておらず，学費の高さが要因であることが指摘されている（中井浩一，前掲書，240頁）。私立大学にとって学費設定は重要であり，国公立大学とは一律に比較できないこと等は論点として重視されるべきであろう。

【Ⅰに利用した参考資料】
・千葉大学『千葉大学大学院教育学研究科（修士課程）一般選抜学生募集要項

2007』
- 千葉大学『千葉大学大学院教育学研究科修士課程大学院生募集』
- 大阪教育大学『平成19年度大学院教育学研究科（修士課程）学生募集要項』
- 大阪教育大学大学院・実践学校教育専攻『大学院教育学研究科（修士課程）募集案内』
- 兵庫教育大学『大学院案内　大学院学校教育研究科修士課程2007』
- 兵庫教育大学『学生募集要項2007　大学院学校教育研究科修士課程』
- 兵庫教育大学『兵庫教育大学高度教育実践専攻設置計画案内　大学院学校教育研究科修士課程2007』
- 兵庫教育大学『兵庫教育大学高度教育実践専攻　大学院学校教育研究科修士課程教育課程の概要と講義・実習の内容（計画）』
- 兵庫教育大学『兵庫教育大学　大学院学校教育研究科の新専攻の設置について』
- 兵庫教育大学『2007兵庫教育大学大学院　学校教育研究科（修士課程）［高度教育実践専攻設置計画中］』
- 筑波大学『平成19年度大学院修士課程学生募集要項』
- 九州大学『平成18年度前期九州大学大学院人間環境学府修士課程学生募集要項』
- 九州大学『平成18年度前期九州大学大学院人間環境学府修士課程（社会人特別選抜）学生募集要項』
- 九州大学『平成19年度前期九州大学大学院人間環境学府修士課程学生募集要項』
- 九州大学『平成19年度前期九州大学大学院人間環境学府修士課程（社会人特別選抜）学生募集要項』
- 鳴門教育大学『2006国立大学法人鳴門教育大学大学院ガイドブック』
- 鳴門教育大学『鳴門教育大学大学院学校教育研究科（修士課程）特色ある制度・分野の案内』
- 鳴門教育大学『平成19年度大学院学校教育研究科修士課程学生募集要項（一般選抜・前期選抜）』
- 鳴門教育大学『平成19年度大学院学校教育研究科修士課程学生募集要項（一般選抜・前期選抜試験（追加））』
- 岡山大学大学院教育学研究科『平成19年度岡山大学大学院教育学研究科（修士課程）学生募集要項』
- 岡山大学「教育組織マネジメント専攻の概要」
http://ed-www.ed.okayama-u.ac.jp/%7emanage/sub1.html（2006年6月25日確認）

- 東京大学大学院教育学研究科『東京大学大学院教育学研究科案内（2006）』
- 東京大学大学院教育学研究科『平成19（2007）年度東京大学大学院教育学研究科修士課程学生募集要項』
- 東京大学「東京大学大学院教育学研究科学校教育高度化専攻設置について」
http://www.p.u-tokyo.ac.jp/stam.html（2006年6月25日確認）
- 名城大学『大学院入学試験要項』
http://www.meijo-u.ac.jp/nyushi/yoko21/daigakuin/syousai.html（2008年9月27日確認）

第2章

現職校長が考える学校管理職に必要な資質・力量とその形成

　本書は，大学院における学校管理職の養成の方策を検討することを目的とするものである。大学院において体系的な学校管理職養成を行うためには，そのカリキュラムや教育内容をどのように設定するかが重要となる。大学院修了後，学校経営に実践的に活用できる知識・技能とは何か，学校経営に必要となる資質・力量とは何かを前提として，大学院において体系的な教育課程を編成する必要があるためである。理論的知見と実践的能力の両者を体系だてて融合的に育成し，応用的実践力のある学校管理職を養成することが，学校管理職を対象とする短期的研修や日常の職務の中で必要な能力を身に付けていく On the Job Training 等と大学院における学校管理職養成の大きな相違である。

　それでは，学校管理職にはどのような資質・力量が求められるのであろうか。それには，学校管理職にはどのような能力が必要とされるのかを明らかにしなければ，学校管理職養成の具体的な内容を議論することは難しい。また，現実の学校経営における必要性を前提とした教育課程でなければ，応用的実践力を養成することはできないであろう。そのために，われわれはまず，学校管理職に必要な資質・力量を検討する必要があると考えた。

　このような学校管理職に求められる資質・力量については，教育経営学を中心に先行研究の蓄積がなされてきた。例えば，校長経験者である久保田武の整理[1]，自立的・自治的な学校組織体制をつくる校長のリーダーシップという観点

からの岩崎裟裟男の整理(2)，自律的学校経営のためのスクールマネジメントおよびスクールリーダーという観点からの牛渡淳の整理(3)，学校管理職の資質・力量を固定的なものとしてとらえるのではなく，学校管理職の経営的力量を，新任期・中堅期・熟達期によってその比重が変化する3つの実践的な Katz, R. L. のスキルに基づく加藤崇英の議論(4)，学校経営の PDS の視点からは，岡東壽隆・杉山浩之による整理がなされてきた(5)。他方，学校現場の校長等に実際に調査を行って学校管理職の資質・力量を明らかにするアプローチもなされてきた。校長がどのような力量に必要性を感じているかを54項目について調査した小島弘道らによる研究(6)，現職校長・教頭だけでなく退職校長も対象に，教育活動に関連した具体的行動に焦点を当てて30項目について調査した佐藤博志・加納亜紀の研究(7)がそれである。

これらの先行研究のうち特に大規模であり，先駆的な調査である小島らの調査の結果をみると，①不測の事態に備えた危機管理や児童生徒の健康・安全管理といった管理的力量，②使命感，教育に関する理念や価値観といった管理職の力量を支える見識・資質，③ビジョンの提示，中期的な計画，教職員への伝達・説明といった教育目標・計画の設定の力量に対する必要性が高いこと，他方，①職員団体との折衝，外部圧力に対する対応，②授業実践を通した指導，教科の内容・単元についての知識，③学校経営に関する研究動向，企業経営学といったことに対する力量の必要性が低いことを明らかにしている(7)。これらの研究は先行研究として非常に貴重であり，本研究の前提となるものである。

しかしながら，近年，学校評価制度や学校選択制度の導入により，自律的学校経営の必要性が急速に進む中で，学校管理職に求められる資質・力量が変化している可能性も考えられる。そこで，本研究プロジェクトでは，これらの先行研究，特に，前述の小島らの研究を参考にしながら，学校経営に必要と考えられる37項目の設問を設定し，現職公立小学校長・中学校長に対する質問紙調査を行った。本章では，この調査に基づいて現職校長が考える「学校管理職に必要な資質・力量とその形成」について考察する。

■調査の概要

　調査は，学校管理職に求められる資質・力量を明らかにすることを目的に2007（平成19）年12月に実施した。関東地区，近畿地区の6市区の783校の公立小・中学校長を対象として郵送により質問紙を送り，377人の現職校長より回答を得ている。回収率は48.1％であった。回収数全体377校の内訳は，小学校が264校，中学校が105校，その他小中一貫校等8校であった。調査の対象・概要を示したものが図表2-1である。ご回答いただいた皆様に，改めてお礼申し上げたい。

図表2-1　調査の対象・概要

		発送数（a）	回収数（b）	回収数の内訳			回収率
				小学校	中学校	不明・その他	
関東	A市	157	66	46	19	1	42.0%
	B区	40	26	18	7	1	65.0%
	C市	491	231	164	63	4	47.0%
近畿	D市	59	29	19	10	0	49.2%
	E市	16	8	6	2	0	50.0%
	F市	20	16	10	4	2	80.0%
地域不明		－	1	1	0	0	－
全体		783	377	264	105	8	48.1%

　質問項目は，①学校経営で重点を置いている内容，②学校経営に必要と考える校長の権限と体制，③校長としての資質・力量についての自己評価，④現在，校長として職務遂行に必要な資質・力量，⑤将来，学校管理職になる教員が身につけておくべき資質・力量である。本調査の特徴は，同一の37項目に対して，自分自身の能力の自己評価，現在職務遂行に必要な能力，将来，管理職になるべき教員が身につけておくべき能力を尋ねていることである。これらの項目を比較することにより，学校管理職に必要な資質・力量を多角的に検討することができる。なお，本章では，個別の能力項目を包括的に言及する際には，「資

質・力量」と表現し、個々の能力項目と区別することにしたい。

　具体的な設問としては、学校管理職の資質・力量を示す37項目の能力項目に対して、3を標準とする5段階として、自己評価を求めた。あわせて校長として現在職務を遂行する上で、現在自分に特に必要な能力項目を必要性の高い順に5項目、また、将来、学校管理職になる教員が身につけておくべき能力項目を必要性の高い順に5項目それぞれ選択を求めることで、学校管理職の資質・力量の現状、職務遂行に必要な学校管理職の資質・力量、将来学校管理職になる教員に必要な資質・力量を明らかにすることを目指した。また、学校管理職として学校経営においてどのようなことに重きを置いているか、よりよい学校経営を行うためにどのような権限や体制を必要としているかについても回答を求めた。

Ⅰ．調査結果からみる学校管理職に必要な資質・力量

1．学校経営の重点の置き方の相違

　校長は多岐にわたる校務をつかさどり、学校が置かれた状況に応じて学校経営にメリハリをつけて、しかも全体の調和を保ちながら、日々学校教育目標の達成に心を砕いている。学校経営においてどのような事項に重点を置くかは、学校の特色を示すひとつの指標となる。それでは、各校長は、日々の学校経営においてどのような事項に重点をおいているのであろうか。そこで、本調査では、比較的児童・生徒や保護者から見えやすい教育内容である、「授業」「学校行事」「クラブ・部活動」「生徒指導」の4つの内容について、それぞれにどの程度重点を置いているかを尋ねた。教育内容の重点の置き方について3を標準として5段階で評価した平均値を、全体・小学校・中学校の区分によって示したものが図表2－2である。

図表2-2　教育内容の重点の置き方

	全体	小学校	中学校	
授業	4.73	4.73	4.78	
児童・生徒指導	4.29	4.25	4.5	**
学校行事	3.98	3.97	4.09	
クラブ・部活動	3.53	3.34	4.07	***

注)　小学校と中学校を比較：t検定による有意差
　　***＜0.001　**＜0.01　*＜0.05

　その結果，4つの項目のすべてで標準の3以上を示した。そして，全体・小学校長・中学校長のいずれにおいても，「授業」「生徒指導」「学校行事」「クラブ・部活動」の順で高くなっていた。つまり，学校経営における重点の置き方の優先順位では，小学校長・中学校長の相違はみられなかった。しかし，小学校長と中学校長の回答をみると，「生徒指導」と「クラブ・部活動」において，統計的に有意差をもって，小学校長よりも中学校長が重点を置いていることが示された。このことは，中学校においては，「クラブ・部活動」「生徒指導」が学校経営の中で重要な位置を占めていることを示している。このような学校種間での相違は，学校管理職に求められる資質・力量を検討する前提として重要である。

2．よりよい学校経営に必要と考えられている権限と体制

　それでは，現職校長は，学校経営を行うにあたって，現在，どのような権限や支援体制が必要と考えているのであろうか。学校がさまざまな問題に直面し，学校経営に携わる校長のリーダーシップが問われているなかで，校長を支援する体制を考えることも重要となる。そこで，さらによりよい学校経営を行うために校長がどのような権限や体制を必要としているかについて，17項目を示して，必要性の高い順に5項目の選択を求めた。図表2-3に示すとおり，この17項目は，校長の権限に関する項目と支援体制に関する項目により構成されている。

図表2-3　調査で尋ねた17項目のよりよい学校経営に必要と考えられる権限と体制

1	学級編成基準に対して，柔軟に独自の編成を行う権限（学級編成）
2	教職員定数に対して，柔軟に対応する権限（教職員定数）
3	教職員の採用にあたって，校長の意思が反映される体制（教職員採用）
4	勤務時間の基準に対して，柔軟に対応する権限（勤務時間）
5	副校長・主幹等の設置による学校の意思決定機関の整備（決定機関）
6	教職員の懲戒・分限処分に関する権限（懲戒分限）
7	各学校に対する予算配分について強く要望できる権限（予算）
8	学期・授業日を学校独自に指定する権限（学期授業日）
9	学校独自に教科書を採択する権限（教科書）
10	学校独自に教育課程を設定・管理・運営する権限（教育課程）
11	学校に対する保護者や地域（さまざまな機関を含む）の支援体制（地域支援）
12	各種の紛争処理等に対する教育委員会の支援体制（教委支援）
13	日常の教育委員会の指導助言体制（指導助言）
14	学校経営に対する教職員からの協力体制（教職員協力）
15	地域の校長会等による情報交換の体制（情報支援）
16	教育委員会からの情報提供体制（情報提供）
17	児童生徒に対する出席停止の命令軽減（出席停止）

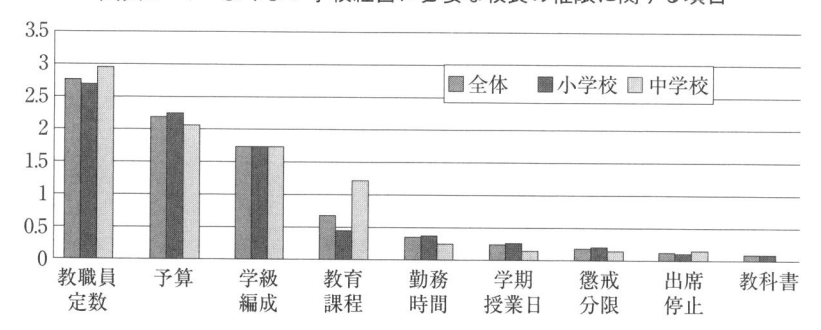

図表2-4　よりよい学校経営に必要な校長の権限に関する項目

これらの17項目のうち，図表2-4は，よりよい学校経営に必要な校長の権限，図表2-5は，よりよい学校経営に必要な校長への支援体制に関する項目を，それぞれ1位から5位までにあげられた項目に5点から1点の得点を付与し，各項目の平均点を集計したものである。それぞれ，「全体」「小学校長」「中学校長」別に示している。

まず，図表2-4から，校長が必要と考えている権限についてみていきたい。「教職員定数に対して柔軟に対応する権限（教職員定数）」が最も高く，次いで「各学校に対する予算配当について強く要望できる権限（予算）」「学級編成基準に対して柔軟に独自の編成を行う権限（学級編成）」「学校独自に教育課程を設定・管理・運営する権限（教育課程）」が続いている。特に，「教職員定数」「予算」「学級編成」については，他の項目よりもきわめて高く，強く望まれていることがわかる。なお，「教職員定数」と「予算」を，1位から5位までのいずれかにあげた校長は70%を超えていた。

他方，必要性が低かった項目を見ると，「勤務時間の基準に対して柔軟に対応する権限（勤務時間）」「学期・授業日を学校独自に指定する権限（学期授業日）」「教職員の懲戒・分限処分に関する権限（懲戒分限）」「児童・生徒に対する出席停止の命令権限（出席停止）」「学校独自に教科書を採択する権限（教科書）」をあげた校長は少なかった。これらの項目については，現時点では校長にその権限が求められていない。小学校と中学校の相違をみると，「教育課

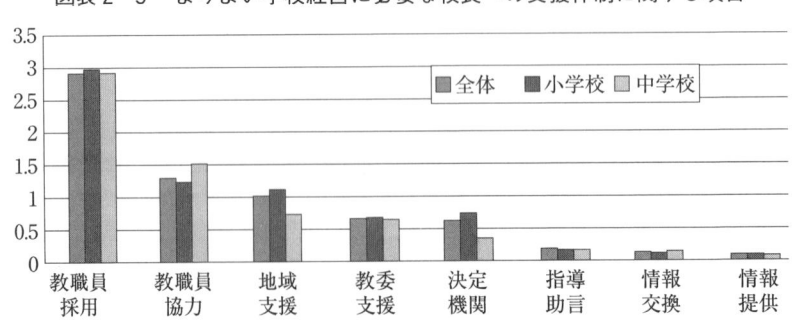

図表2-5　よりよい学校経営に必要な校長への支援体制に関する項目

程」において中学校長が小学校長の2倍以上となっている。個々の学校,個々の生徒に対応する教育課程のあり方が中学校において課題であることが示唆される。

次に,図表2-5から,校長がよりよい学校経営に必要と考えている支援体制についてみていきたい。最も高い項目は,「教職員の採用にあたって校長の意思が反映される体制(教職員採用)」であり,次いで,「学校経営に対する教職員からの協力体制(教職員協力)」「学校に対する保護者や地域の(さまざまな機関を含む)の支援体制(地域支援)」「各種の紛争処理等に対する教育委員会の支援体制(教委支援)」「副校長・主幹等の設置による学校の意思決定機関の整備(決定機関)」が続いている。ここで,最も高い「教職員採用」と2番目に高い「教職員協力」には2倍以上のポイントの差があり,「教職員採用」を1位から5位までのいずれかにあげた校長は70%を超えていた。教職員の採用に校長の意志を反映する体制が強く望まれていることがわかる。

他方,「日常の教育委員会の指導・助言体制(指導助言)」「地域の校長会等による情報交換の体制(情報交換)」「教育委員会からの情報提供体制(情報提供)」をあげた校長は少なかった。教育委員会や地域との協力体制については,現状以上の特別の支援が必要とされていないとみることができる。

小学校長と中学校長の相違をみると「決定機関」の必要性については,小学校長が中学校長の2倍以上であった。小学校において,意思決定機関の整備がより強く必要とされているとみることができる。

このように,本調査の結果から,「教職員定数」と「予算」についての権限,「教職員採用」の体制が,小学校・中学校を問わず現職校長から強く望まれていることが示された。つまり,現職校長の要望として,教職員に関する事項と予算に関する事項という学校経営の本質的権限において,権限の強化が必要とされているのである。

3.校長に求められる資質・力量

それでは,校長に求められる資質・力量についての質問項目の結果について

図表2-6　調査において尋ねた校長に必要と考えられる資質・力量（37項目）

⑴	校務分掌を整えて，教職員を適切に配置すること
⑵	国の教育政策の動向を理解すること
⑶	学校と地域・家庭の考え方の相違や対立を調整できること
⑷	学校教育目標の達成に向けて，教職員をまとめること
⑸	校内の整備や緑化を進めること
⑹	各年度の学校教育目標を達成すること
⑺	学校教育の課題を広い視点からとらえること
⑻	地域の人々や関係諸機関に積極的に働きかけて，学校への協力を獲得すること
⑼	幅広い知見に基づき，柔軟で豊かな思考により職務を行うこと
⑽	学校事務・諸表簿を適切に管理すること
⑾	自校の教育活動のため，教育委員会の協力・支援を確保すること
⑿	常に気配りをして，教職員と協調関係を築くこと
⒀	保護者や地域の人々の要望や不満を的確に把握すること
⒁	保護者や地域の人々に対して，自校の教育活動を説明すること
⒂	自己の教育に対する信念，価値観を生かす教育計画と方法を構想すること
⒃	教育活動について教職員に指導・助言すること
⒄	学校教育目標を達成するための戦略・計画を立てること
⒅	学校管理職としての自覚と使命感を持って職務にあたること
⒆	特色のある学校教育目標を設定すること
⒇	地域のプラス面，マイナス面を把握すること
⑳	教育に対する理念と価値観を持つこと
㉒	学校教育目標と策定した教育計画について，教職員に説明すること
㉓	すぐれた校風（学校内の雰囲気）を作り出すこと
㉔	教職員の意見や感情の対立を調整すること
㉕	誠実に，責任をもって教育活動を行うこと
㉖	児童生徒に関する健康・安全に関する情報を収集し，適切に管理すること
㉗	自ら児童生徒の指導を行い，教職員に模範を示すこと
㉘	自校のプラス面，マイナス面を把握すること
㉙	教職員に関する情報の収集と，それに基づいた配慮を行うこと
㉚	問題が発生したときのために，教職員間に報告・連絡・相談する体制を整備し，機能させること
㉛	文化的・科学的に幅広い教養を深める努力を行うこと
㉜	自校の児童生徒の特徴と課題をとらえること
㉝	危機管理体制を整備し，随時，維持・点検を行うこと
㉞	教職員が意欲的に校内研修（研究）に取り組むような学校をつくること
㉟	学校経営に必要な教育法規に精通すること
㊱	学校評価を活用し，教育活動の改善に結びつけること
㊲	各地の教育委員会や学校の取り組みを知ること

検討してみたい。現実の学校経営において，個々の校長のもつ資質・力量は学校経営に大きな影響を及ぼす。しかしながら，校長にはどのような資質・力量が必要であるのかについては，必ずしも共通理解がなされているわけではない。そこで，本調査では図表2-6に示されている37項目の資質・力量項目を現職校長に提示し，(1)現職校長による自己評価，(2)現在の自分自身にさらに必要と思われる資質・力量の5項目の選択，(3)将来，学校管理職になる教員が身につけておくべき資質・力量の5項目の選択，の3点について尋ねた。これらの回答を比較することにより，実際に学校経営を行っている現職校長が，学校管理職にはどのような資質・力量が必要と考えているかを検討することができる。

1）学校管理職の資質・力量に対する現職校長の自己評価

図表2-6に示した37項目に対して，現職校長が自らの資質・力量を，3を標準とした5段階で評価した結果を示したものが図表2-7である。ここでは，上位項目と下位項目を比較できるように結果を示している。数値が高いほど，自信をもっていることを意味している。

図表2-7から，現職校長は，全ての項目について，標準以上の資質・力量

図表2-7 学校管理職の資質・力量に対する現職校長の自己評価

			全体	小学校	中学校
上位項目	⑵5	誠実さと責任感	4.26	4.23	4.36
	⒅	管理職の自覚と使命感	4.09	4.06	4.21
	⑿	教職員との協調的関係	3.95	3.97	3.97
	㉚	報告・連絡・相談体制	3.93	3.89	4.08
	⑻	地域の協力獲得	3.91	3.90	3.97
	㉖	児童生徒の健康安全管理	3.90	3.90	3.96
下位項目	㉛	幅広い教養	3.25	3.23	3.30
	㊲	各地の教育活動の知見	3.08	3.07	3.09
	㉟	教育法規への精通	3.07	3.05	3.14

を有していると自信を持っていることがわかる。そして，「(25) 誠実に，責任を持って教育活動を行うこと（誠実さと責任感）」「(18) 学校管理職としての自覚と使命感を持って職務にあたること（管理職の自覚と使命感）」「(12) 常に気配りをして，教職員と協調的関係を築くこと（教職員との協調的関係）」という人格的要素についての項目が上位に位置しており，「(30) 問題が発生したときのために，教職員間に報告・連絡・相談する体制を整備し，機能させること（報告・連絡・相談体制）」「(8) 地域の人々や関係諸機関に積極的に働きかけて，学校への協力を獲得すること（地域の協力獲得）」「(26) 児童生徒に関する健康・安全に関する情報を収集し，適切に管理すること（児童生徒の健康安全管理）」という実務的な項目がそれに続く結果となっている。他方，下位項目としては「(31) 文化的・科学的に幅広い教養を深める努力を行うこと（幅広い教養）」「(37) 各地の教育委員会や学校の取り組みを知ること（各地の教育活動の知見）」「(35) 学校経営に必要な教育法規に精通すること（教育法規への精通）」が相対的に評価が低くなっている。

このような結果は，現職校長は，職務遂行に必要な人格的資質と実務能力の双方に自信を持ちながらも，教育制度や他地域の動向など幅広い情報収集には自信が乏しいことを示唆している。

2）現職校長が現在の自分自身にさらに必要と思われる資質・力量

次に，同じ37項目について，現在の自分にとって，さらに必要と思われる資質・力量項目を，順位をつけて5項目選択することを求めた。図表2-8は，その選択結果の順位に1から5ポイントとして点数化し，その上位項目と下位項目を示したものである。数値が高いほど，現在の自分自身に必要と思われていることを意味している。

上位項目として「(4) 学校教育目標の達成に向けて，教職員をまとめる（教職員をまとめる）」「(17) 学校教育目標を達成するための戦略・計画を立てる（教育目標達成の戦略・計画）」が他の項目と比較して高い結果が見られた。これらの項目は，自律的・組織的な学校経営のために必要な力量であることから，

図表2-8　現職校長が自分自身にさらに必要と思われる資質・力量

		全体	小学校	中学校
上位項目	(4) 教職員をまとめる	1.51	1.53	1.53
	(17) 教育目標達成の戦略・計画	1.21	1.22	1.24
	(21) 教育理念・価値観	0.80	0.73	0.94
	(18) 管理職の自覚と使命感	0.79	0.71	1.01
	(1) 校務分掌・教職員配置	0.74	0.70	0.78
下位項目	(27) 教職員への模範指導	0.04	0.05	0.04
	(37) 各地の教育活動の知見	0.02	0.03	0
	(20) 地域の＋－面の把握	0.01	0.01	0.02

現職校長が自分自身に学校の組織運営の力量の必要性を感じていることがわかる。他方，必要性が低い項目としては「(27) 自ら児童生徒の指導を行い，教職員に模範を示す（教職員への模範指導）」「(37) 各地の教育委員会や学校の取り組みを知る（各地の教育活動の知見）」「(20) 地域のプラス面，マイナス面を把握する（地域の＋，－面の把握）」がみられた。

この結果を図表2-7の結果と比較したときに，下位項目には，自らの能力に自信があるために必要がないと位置づけられていると考えられる項目（(20) 地域の＋，－面の把握）とそもそも必要とされていない項目（(37) 各地の教育活動の知見）があることがわかる。

3）現職校長が「将来，学校管理職になる教員が身につけておくべきと考える資質・力量」

第3に，現職校長が，将来，学校管理職となる教員が身につけておくべきと考える資質・力量について，同じ37項目のなかから順位をつけて5項目の選択を求めた結果をみてみたい。図表2-9は，その選択結果を順位に対応させて1から5ポイントとして点数化し，その上位項目と下位項目を示したものである。数値が高いほど，将来，学校管理職となる教員は身につけておくべきだと

図表2-9　将来，学校管理職になる教員が身につけておくべきと考える資質・力量

		全体	小学校	中学校
上位項目	(21) 教育理念・価値観	1.42	1.31	1.65
	(7) 教育課題の把握	1.28	1.33	1.27
	(9) 幅広い知見・豊かな思考	1.28	1.22	1.44
	(18) 管理職の自覚と使命感	1.01	0.93	1.29
	(25) 誠実さと責任感	0.99	0.96	1.10
下位項目	(37) 各地の教育活動の知見	0.06	0.05	0.06
	(20) 地域の＋－面の把握	0.05	0.06	0.03
	(5) 校内の整備・緑化	0.01	0.02	0
	(11) 教委の協力の確保	0	0	0

思われていることを意味している。

　この設問の上位項目には，「(21) 教育に対する理念と価値観を持つこと（教育理念・価値観）」「(7) 学校教育の課題を広い視点からとらえること（教育課題の把握）」「(9) 幅広い知見に基づき，柔軟で豊かな思考により職務を行うこと（幅広い知見・豊かな思考）」が位置づけられていた。これらの項目は，教育への意欲や教育的識見を示すものである。他方，必要性が低い項目としては「(20) 地域のプラス面，マイナス面を把握する（地域の＋，－面の把握）」「(5) 校内の整備や緑化を進めること（校内の整備・緑化）」「(11) 自校の教育活動のため，教育委員会の協力・支援を確保すること（教委の協力の確保）」がみられた。これらの項目は，校長としての具体的な実践活動に関する内容である。

　つまり，教員が学校管理職になるための前提として，教育に対する自分自身の理念や価値観を持つことが重要であると考えられており，必ずしも，具体的な実践経験を管理職になる前に得ておく必要はないと考えられているとみることができる。

4）現職校長が考える学校管理職に必要な資質・力量

　これまで，37項目について，⑴現職校長による自己評価，⑵現在の自分自身にさらに必要と思われる資質・力量，⑶将来，学校管理職になる教員が身につけておくべき資質・力量についての結果をみてきた。それでは，これらの回答結果から，現職校長が学校管理職に必要と考えている資質・力量はどのように整理することができるであろうか。図表2-10は，これまでの結果を整理したものである。ここから，校長に求められる資質・力量について次のように指摘することができる。

　第1に，「⒅ 管理職の自覚と使命感」「㉑ 教育理念・価値観」という学校管理職としての意識・教育に対する識見をもつこと，それを高めていくことが，管理職になる前にもなった後にも重要であると考えられていることがわかる。学校管理職という職務および職責を常に意識することが重要であるとみることができる。

　第2に，学校管理職として実際に職務を遂行していくにあたっては，「⑴ 校務分掌・教職員配置」「⑷ 教職員をまとめる」「⒄ 教育目標達成の戦略・計画」という教職員とともに組織的に教育目標を達成していく学校経営を担当する実践的な力量が必要であるとする一方で，それらの力量は，将来，管理職になる教員が事前に身につけておく必要は感じられていない。つまり，これらの能力は，学校管理職としての実践の中で必要性に応じて身につけていくべきものと考えられているとみることができる。

　第3に，将来，管理職になる教員が身につけておくべき能力としては，「⑺ 教育課題の把握」「⑼ 幅広い知見・豊かな思考」という教育的識見に関する事項の必要性が高くなっている。これらの項目は，校長自身の自己評価や，現在職務遂行上の必要性においては中位項目であるが，現職校長が将来管理職になる教員に対してその修得を期待する力量と考えられる。

　第4に，「㊲ 各地の教育活動の知見」「⒇ 地域の＋－面の把握」という項目は，現在の自分にとっての必要性も低く，将来の管理職になる教員にとっての必要性も低い項目となっている。

図表 2-10　現職校長が考える学校管理職に必要な資質・力量（まとめ）

		自己評価	現在，自分に必要	将来，管理職になる教員に必要
⒅	管理職の自覚と使命感	○	○	○
㉑	教育理念・価値観	○	○	○
㉕	誠実さと責任感	○		○
⑻	地域の協力獲得	○		
⑿	教職員との協調的関係	○		
㉖	児童生徒の健康安全管理	○		
㉚	報告・連絡・相談体制	○		
㊲	各地の教育活動の知見	▲	▲	▲
㉛	幅広い教養	▲		
㉟	教育法規への精通	▲		
⑴	校務分掌・教職員配置		○	
⑷	教職員をまとめる		○	
⒄	教育目標達成の戦略・計画		○	
⒇	地域の＋－面の把握		▲	▲
㉗	教職員への規範指導		▲	
⑺	育課程の把握			○
⑼	幅広い知見・豊かな思考			○
⑸	校内の整備・緑化			▲
⑾	教委の協力の確保			▲

○＝必要性が高い項目，▲＝必要性が低い項目

　このような結果から，学校管理職に必要な資質・力量として，学校管理職としての意識・教育に対する識見を前提として，実際の学校経営において，教職員とともに組織的に教育目標を達成していく力量が必要である，と現職の学校管理職が考えているとみることができる。

4．本節のまとめ

　本節では，現職校長への質問紙調査により，学校経営の重点の置き方，よりよい学校経営に必要な権限・支援体制，学校管理職に必要な資質・力量について調査の結果を整理してきた。その結果，全体・小学校・中学校のいずれにおいても，「授業」「生徒指導」「学校行事」「クラブ・部活動」がそれぞれ重要とされているが，中学校では小学校よりも，「生徒指導」と「クラブ・部活動」に重点が置かれていた。よりよい学校経営のための必要な権限・支援体制については，「教職員定数」と「予算」についての権限，「教職員採用」の体制という学校の自立的・自律的な学校経営における本質的要素について，学校長の権限・体制の強化が必要とされていた。学校管理職に必要な資質・力量として，学校管理職としての意識・教育に対する識見を前提として，実際の学校経営においては，教職員とともに組織的に教育目標を達成していく力量が必要であると考えられていた。

　これらのことから，小学校・中学校という学校種別の相違を踏まえながら，学校管理職に対して，学校管理職としての意識・教育に対する識見を得るための機会を準備すること，実際の学校経営においては，教職員とともに組織的に教育目標を達成していく力量をその対象者にあわせて体系的に育成することが必要であることが指摘できる。小学校と中学校の学校種別の相違としては，本調査からは中学校のほうが，より幅広い識見や経験が必要であるということができる。また，そのことと同時に，学校経営における本質的要素について，権限・体制の強化について，具体的な制度の在り方が検討される必要がある。

　さらに，現職校長が，教職員の配置定数や採用という教職員人事についての権限と，学校予算についての権限の強化を求めていることは重要である。なぜならば，自律的な学校経営は，学校への権限移譲が伴わなければ実現できず，それが実現しないなかで自律的な学校経営を求めることは，学校管理職への過度の圧力になってしまうためである。管理職の資質・力量の養成・高度化を活かすことができる学校経営の制度的枠組みが必要であり，その枠組みを再度検

討することが求められているといえるだろう。

Ⅱ．現職校長が考える学校管理職に必要な資質・力量の構造

　前節では，現職校長に対する質問紙調査の結果から学校管理職に必要な資質・力量について検討を行った。それでは，このような現職校長の意識を体系的にとらえるとき，どのように考えることができるだろうか。前節では主に，質問紙調査の単純集計と平均値を比較する手法により，調査データを分析する方法を用いたが，本節では多変量解析の手法を用いることにより，変数の背後に潜むと仮定される共通因子を抽出することで，学校管理職に必要な資質・力量を抽象的，概念的にとらえることにしたい。大学院における学校管理職養成について考察するためには，学校管理職に求められる資質・力量の概念化が必要であり，資質・力量を概念的に整理することによって初めて，体系的な教育課程として具体的な検討ができるためである。

1．学校管理職の資質・力量の構成要素

　まず，図表2-6に示した具体的な内容をもつ37項目の学校管理職に必要とされる資質・力量の項目を抽象的に整理するために，質問紙調査の回答者の選択にどのような構成要素があるのかを因子分析により整理することにしたい。個々の設問の回答の共通因子を抽出することにより，学校管理職に求められる資質・力量を整理する。そのために，37項目の学校管理職の資質・力量の自己評価の平均値と標準偏差を算出し，平均値をもとに37項目に対して主因子法による因子分析を行った。固有値の変化から6因子を仮定して主因子法による因子分析を行ったところ，十分な因子負荷量を示さなかった10項目を分析から除外し，再度，27項目による主因子法による因子分析を行ったところ，図表2-11に示すとおり6つの因子が得られた。

図表2-11 学校管理職の資質・力量の因子分析

項目内容	I	II	III	IV	V	VI
(6) 各年度の学校教育目標を達成すること	0.809	-0.182	0.128	0.053	0.024	-0.141
(17) 学校教育目標を達成するための戦略・計画を立てること	0.641	0.121	-0.046	-0.036	0.070	0.038
(15) 自己の教育に対する信念、価値観を生かす教育計画と方法を構想すること	0.615	0.138	-0.192	0.003	0.063	0.112
(14) 保護者や地域の人々に対して、自校の教育活動を説明すること	0.609	0.123	-0.077	-0.076	0.317	-0.212
(22) 学校教育目標と策定した教育計画について、教職員に説明すること	0.568	0.283	-0.047	-0.096	-0.123	0.124
(4) 学校教育目標の達成に向けて、教職員をまとめること	0.544	-0.258	0.271	-0.030	0.141	0.221
(34) 教職員が意欲的に校内研修(研究)に取り組むような学校をつくること	0.490	-0.140	0.338	0.170	-0.070	-0.059
(7) 学校教育の課題を広い視点からとらえること	0.287	0.225	-0.111	0.070	0.132	0.161
(28) 自校のプラス面、マイナス面を把握すること	-0.054	0.732	0.189	-0.035	0.089	-0.090
(20) 地域のプラス面、マイナス面を把握すること	-0.160	0.613	0.013	0.065	0.208	-0.020
(32) 自校の児童生徒の特徴と課題をとらえること	0.101	0.609	0.082	0.001	0.082	-0.022
(31) 文化的・科学的に幅広い教養を深める努力を行うこと	0.015	0.498	-0.067	0.227	0.000	-0.001
(27) 自ら児童生徒の指導を行い、教職員に模範を示すこと	-0.042	0.418	0.339	-0.021	-0.120	0.032
(33) 危機管理体制を整備し、随時、維持・点検を行うこと	0.242	0.368	0.090	0.129	0.140	-0.094
(16) 教育活動について教職員に指導・助言すること	0.314	0.348	0.278	-0.041	-0.222	0.100
(21) 教育に対する理念と価値観を持つこと	0.297	0.318	-0.085	0.077	-0.128	0.309
(12) 常に気配りをして、教職員と協調的関係を築くこと	-0.094	0.053	0.601	-0.031	0.145	0.152
(24) 教職員の意見や感情の対立を調整すること	-0.094	0.210	0.588	0.040	0.081	0.060
(23) すぐれた校風(学校内の雰囲気)を作り出すこと	0.339	0.035	0.470	0.011	-0.031	-0.047
(35) 学校経営に必要な教育法規に精通すること	0.010	-0.012	0.020	0.930	-0.022	-0.014
(10) 学校事務・諸表簿を適切に管理すること	0.021	0.129	0.075	0.443	-0.008	-0.049
(37) 各地の教育委員会や学校の取り組みを知ること	-0.035	0.120	-0.082	0.387	0.106	0.103
(8) 地域の人々や関係諸機関に積極的に働きかけて、学校への協力を獲得すること	-0.023	0.078	-0.027	0.069	0.565	0.134
(3) 学校と地域・家庭の考え方の相違や対立を調整できること	0.194	-0.046	0.084	0.026	0.509	0.067
(13) 保護者や地域の人々の要望や不満を的確に把握すること	0.014	0.241	0.255	-0.094	0.458	-0.050
(25) 誠実に、責任をもって教育活動を行うこと	-0.098	-0.108	0.219	-0.027	0.112	0.822
(18) 学校管理職としての自覚と使命感を持って職務にあたること	0.028	0.056	0.051	0.033	0.015	0.660

(主因子法,Promax回転)

図表2-11に示した結果をもとに，抽出された6つの因子について検討したい。

　第1因子は8項目（「(6) 各年度の学校教育目標を達成すること」「(17) 学校教育目標を達成するための戦略・計画を立てること」「(15) 自己の教育に対する信念，価値観を生かす教育計画と方法を構想すること」「(14) 保護者や地域の人々に対して，自校の教育活動を説明すること」「(22) 学校教育目標と策定した教育計画について，教職員に説明すること」「(4) 学校教育目標の達成に向けて，教職員をまとめること」「(34) 教職員が意欲的に校内研修（研究）に取り組むような学校をつくること」「(7) 学校教育の課題を広い視点からとらえること」）で構成されている。これらの項目から，教育課題をとらえ，自己の教育観を生かして教育目標を設定し，教育目標のための教育計画を立てて，教職員・保護者・地域を結集して，目標を達成するといった内容の項目が高い負荷量を示していた。そこで「学校目標形成・達成力」因子と命名した。

　第2因子は8項目（「(28) 自校のプラス面，マイナス面を把握すること」「(20) 地域のプラス面，マイナス面を把握すること」「(32) 自校の児童生徒の特徴と課題をとらえること」「(31) 文化的・科学的に幅広い教養を深める努力を行うこと」「(27) 自ら児童生徒の指導を行い，教職員に模範を示すこと」「(33) 危機管理体制を整備し，随時，維持・点検を行うこと」「(16) 教育活動について教職員に指導・助言すること」「(21) 教育に対する理念と価値観を持つこと」）で構成されており，児童・生徒・学校・地域の特徴と課題やプラス・マイナス面を的確に把握する内容の項目が高い負荷量を示していた。そこで，「洞察判断力」因子と命名した。

　第3因子は3項目（「(12) 常に気配りをして，教職員と協調的関係を築くこと」「(24) 教職員の意見や感情の対立を調整すること」「(23) すぐれた校風（学校内の雰囲気）を作り出すこと」）で構成されており，教職員の対立を調整して，協調関係を築いて，よい学校をつくる内容の項目が高い負荷量を示していた。そこで，「協働協調力」因子と命名した。

　第4因子は3項目（「(35) 学校経営に必要な教育法規に精通すること」「(10) 学

校事務・諸表簿を適切に管理すること」「(37) 各地の教育委員会や学校の取り組みを知ること」)で構成されており，教育法規に精通していて，適切な学校管理を行う内容の項目が高い負荷量を示していた。そこで，「法的管理力」因子と命名した。

第5因子は3項目(「(8) 地域の人々や関係諸機関に積極的に働きかけて，学校への協力を獲得すること」「(3) 学校と地域・家庭の考え方の相違や対立を調整できること」「(13) 保護者や地域の人々の要望や不満を的確に把握すること」)で構成されており，保護者・地域の要望を把握して，学校と家庭・地域の調整を行い，学校への協力を獲得する内容の項目が高い負荷量を示していた。そこで，「家庭地域連携力」因子と命名した。

第6因子は2項目(「(25) 誠実に，責任をもって教育活動を行うこと」「(18) 学校管理職としての自覚と使命感を持って職務にあたること」)で構成されており，学校管理職の自覚と使命感を持って，誠実に教育に努める内容の項目が高い負荷量を示していた。そこで，「学校管理職倫理」因子と命名した。

以下では，学校管理職の資質・力量を「学校目標形成・達成力」「洞察判断力」「協働協調力」「法的管理力」「家庭地域連携力」「学校管理職倫理」の6つの因子からなる構造ととらえて，それぞれの因子に基づいて整理し，分析を行っていく。

なお，図表2-12で示すように，学校管理職の資質・力量の6つの因子は互

図表2-12 学校管理職の資質・力量に対する因子間相関

	Ⅰ	Ⅱ	Ⅲ	Ⅳ	Ⅴ	Ⅵ	平均	SD	α
Ⅰ．学校目標形成・達成力	−	.74**	.60**	.50**	.58**	.60**	3.71	0.50	0.86
Ⅱ．洞 察 判 断 力		−	.60**	.51**	.57**	.60**	3.70	0.47	0.85
Ⅲ．協 働 協 調 力			−	.31**	.56**	.56**	3.78	0.57	0.74
Ⅳ．法 的 管 理 力				−	.28**	.34**	3.18	0.57	0.65
Ⅴ．家 庭 地 域 連 携 力					−	.47**	3.86	0.54	0.69
Ⅵ．学 校 管 理 職 倫 理						−	4.20	0.66	0.79

**$p<.01$

いに有意な正の相関を示している。

2．6つの構成因子からみた学校管理職に必要な資質・力量

このように，学校管理職の資質・力量を6つの構成因子として整理すると，①現職校長による自己評価，②現在の自分自身にさらに必要と思われる資質・力量，③将来，学校管理職になる教員が身につけておくべき資質・力量はどのように整理することができるのであろうか。「学校目標形成・達成力」「洞察判断力」「協働協調力」「法的管理力」「家庭地域連携力」「学校管理職倫理」の6つの因子について，それぞれの因子を構成する能力項目の平均値を算出し，それを比較することにより，学校管理職に求められる資質・力量を検討する。

なお，以下の分析では，1)では，それぞれの項目に対して5件法での回答結果の平均値を示している。2)，3)では，同じ37項目について必要と思われる能力項目を順位をつけて5項目の選択を求めた結果に対して，1位の項目に5ポイント，2位の項目に4ポイントとして，1から5ポイントを付して点数化した結果の平均値を示している。

1）6つの因子に対する現職校長による自己評価

まず，6つの因子に対する現職校長による自己評価について整理してみたい。

図表2-13は，学校管理職の資質・力量の6因子について現職校長の自己評価の平均をグラフで表したものである。自己評価によれば，「学校管理職倫理」の評価が高く，次いで，「家庭地域連携力」，「協働協調力」，「学校目標形成・達成力」，「洞察判断力」の順になっている。ここで，「法的管理力」については，評価の標準として設定した3ポイントを超えているものの，他の因子に比べると自己評価が低いことがわかる。現職の校長は，他の諸能力に比べて，法的管理力が相対的に劣っていると自覚していることを意味している。

2）6つの因子に対する現職校長の現在の自分自身に対する必要性

次に，6つの因子に対する現職校長の現在の自分自身にとっての必要性につ

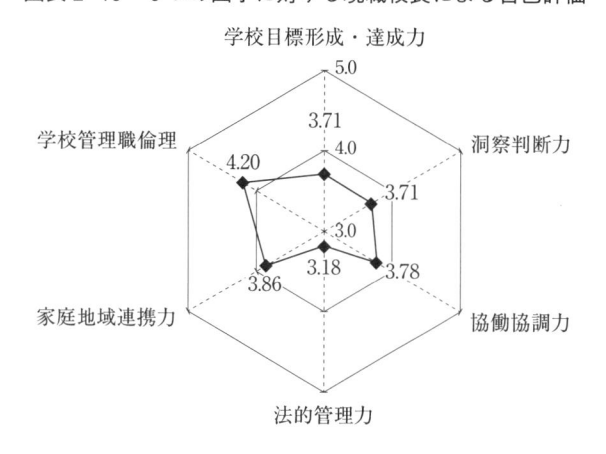

図表2-13　6つの因子に対する現職校長による自己評価

```
               学校目標形成・達成力
                     5.0
                    3.71
    学校管理職倫理  4.0      洞察判断力
         4.20              3.71
                 3.0
         3.86    3.18    3.78
    家庭地域連携力            協働協調力
               法的管理力
```

いて整理してみたい。図表2-14は，6つの因子について，現在職務遂行上で必要な学校管理職の資質・力量として回答があった結果をグラフで表したものである。この項目については，「学校管理職倫理」と「学校目標形成・達成力」が他の2倍以上の値を示して高くなっており，次いで「家庭地域連携力」，「洞察判断力」，「協働協調力」が続いている。一方で，「法的管理力」の必要性

図表2-14　6つの因子に対する現職校長の現在の自分自身にとっての必要性

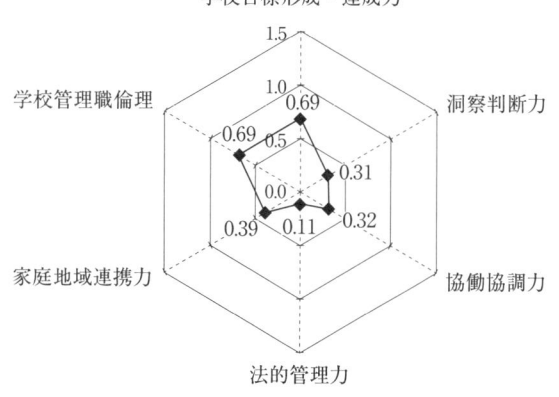

```
               学校目標形成・達成力
                     1.5
                    1.0
                    0.69
    学校管理職倫理  0.5      洞察判断力
         0.69              0.31
                 0.0
         0.39    0.11    0.32
    家庭地域連携力            協働協調力
               法的管理力
```

は低くなっている。すでにみたとおり,「法的管理力」については現職校長の自己評価でも低位の評価を示していた。現在の自分自身の必要性についてもこの因子が最も低く出ていることから,「法的管理力」については,必要性を感じていないと解釈することができる。

3）6つの因子からみた,将来,学校管理職になる教員が身につけておくべき資質・力量

第3に,6つの因子からみた,将来,学校管理職になる教員が身につけておくべき資質・力量について,同様に整理してみたい。その結果を示したものが図表2-15である。「学校管理職倫理」の必要性が高いと考えられている。次いで,「学校目標形成・達成力」,「洞察判断力」「家庭地域連携力」,「協同協調力」,「法的管理力」と続いている。ここで改めて,現職校長は,将来学校管理職になる教員には,学校管理職としての高い倫理性を意識しておくべきであると考えていることがわかる。ここでも,「法的管理力」は最も低位となっている。

図表2-15　6つの因子に対して,将来,学校管理職になる教員が身につけておくべき資質・力量

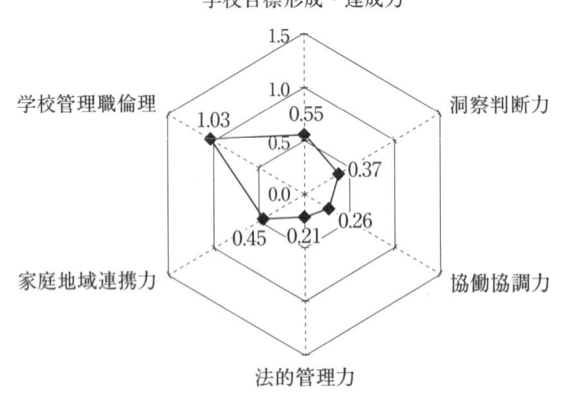

学校目標形成・達成力：0.55
洞察判断力：0.37
協働協調力：0.26
法的管理力：0.21
家庭地域連携力：0.45
学校管理職倫理：1.03

4）6つの構成因子からみた学校管理職に必要な資質・力量

ここまでみてきた，①現職校長による自己評価，②現在の自分自身にさらに必要と思われる資質・力量，③将来，学校管理職になる教員が身につけておくべき資質・力量の整理の結果から，学校管理職の養成には「学校管理職倫理」と「学校目標形成・達成力」が特に必要と考えられているといえる。そして，「法的管理力」は必要性が低いと考えられている。

3．校長の属性による学校管理職に必要な資質・力量に関する見解の相違

それでは，このような学校管理職に必要な資質・力量について，回答者である校長の属性や経験による見解の相違は存在しないのであろうか。ここでは，「小学校と中学校の学校区分」，回答者である校長の「教育行政職（指導主事等）の経験の有無」という2つの変数と6つの因子による学校管理職に必要な資質・力量の関係を確認する。この2つの変数に着目する理由は，前者は学校種別の影響をみるためであり，後者は学校管理職の養成課程における教育行政職経験の影響を考えるためである。

1）小学校と中学校の相違

まず，小学校と中学校の学校区分による相違をみてみたい。図表2-16は，6つの因子に対して，小学校長と中学校長の回答結果の相違を示したものである。

ここから，中学校長のほうが，現在自分自身に対しても，将来管理職になる教員に対しても，「学校管理職倫理」が必要と考えていることがわかる。現在の自分，および，将来管理職になる教員に必要な資質，他の5つの資質・力量については，統計的に有意な差はみられなかった。それでは「学校管理職倫理」に対して，中学校長と小学校長の間でどうしてこのような相違がみられるのであろうか。中学校においては，小学校に比べて相対的に，学習指導・生徒指導等が難しくなることが想定され，管理職としての職業意識や職業倫理が強

図表2-16　6つの因子に関する小学校長と中学校長の相違

	自己評価			現在,自分に必要			将来,管理職になる教員に必要		
	(A)小学校	(B)中学校	(A-B)差	(A)小学校	(B)中学校	(A-B)差	(A)小学校	(B)中学校	(A-B)差
学校目標形成・達成力	3.76	3.81	-0.05	0.69	0.66	0.03	0.55	0.51	0.04
洞察判断力	3.72	3.86	-0.14+	0.32	0.27	0.05	0.36	0.36	0
協働協調力	3.81	3.77	0.04	0.30	0.34	-0.04	0.26	0.23	0.03
法的管理力	3.13	3.21	-0.08	0.11	0.11	0	0.20	0.22	-0.02
家庭地域連携力	3.79	3.91	-0.12+	0.37	0.40	-0.03	0.43	0.43	0
学校管理職倫理	4.31	4.39	-0.08	0.59	0.86	-0.27*	0.94	1.19	-0.25+

t検定　+=p<0.1, *=p<0.05, **=p<0.01

く意識されることが考えられる。困難な場面に対するために,職責が強く意識されることが学校種間の相違の背景にあるものとみることができるだろう。

2）教育行政職（指導主事等）の経験の有無による相違

次に,図表2-17は,6つの因子に関して,「教育行政職（指導主事等）の経験の有無」による相違を示したものである。教育行政職経験を有する場合,

図表2-17　6つの因子に関する「教育行政職（指導主事等）の経験の有無」による相違

	自己評価			現在,自分に必要			将来,管理職になる教員に必要		
	(A)有	(B)無	(A-B)差	(A)有	(B)無	(A-B)差	(A)有	(B)無	(A-B)差
学校目標形成・達成力	3.79	3.77	0.02	0.67	0.68	-0.01	0.55	0.53	0.02
洞察判断力	3.74	3.78	-0.04	0.29	0.32	-0.03	0.34	0.38	-0.04
協働協調力	3.78	3.83	-0.05	0.34	0.28	0.06	0.24	0.26	-0.02
法的管理力	3.25	3.07	0.18**	0.10	0.12	-0.02	0.22	0.19	0.03
家庭地域連携力	3.79	3.86	-0.07	0.44	0.33	0.11+	0.51	0.37	0.14+
学校管理職倫理	4.29	4.38	-0.09	0.71	0.66	0.05	0.99	1.04	-0.05

t検定　+=p<0.1, *=p<0.05, **=p<0.01

「法的管理力」についての自己評価が高いことがわかる。また，現在の自分についての必要性と将来管理職になる教員への必要性において，教育行政経験を有する場合に，「家庭地域連携力」の必要性が強く認識されている。

自己評価において，法的管理力が高いことは，教育行政職としての職務経験がまさに教育法規の運用にあることを意味している。この結果は，教育行政経験の有無の影響として整合的である。他方，教育行政職の経験者には，現在の自分自身および将来管理職になる教員に「家庭地域連携力」を必要とする結果はどのように考えればよいのだろうか。この相違は，教育行政職を経験することによって，個別の学校や地域を超えた広範な教育行政に関する俯瞰的な視野を得ることにより，学校が家庭や地域と連携することについての重要性をより強く認識できることを示唆しているのではないだろうか。つまり，教育行政職の経験を有することは，学校管理職が必要とする力量を広くとらえることにつながっていることを背景にしているという解釈である。教育行政職を経験することは，個々の学校の各種課題の具体的事例に多く接する機会となり，そのために家庭や地域との連携を図ることの重要性を認識するという解釈もできる。そのことを通じて，教育行政職の経験を持たない場合よりも，学校管理職に必要な資質・力量を幅広くとらえることにつながっているのかもしれない。

3）校長の属性による学校管理職に必要な資質・力量に関する見解の相違

ここまで見てきたとおり，回答者である校長の属性や経験によって，学校管理職に必要と考えている資質・力量には相違があることが示された。このことは，学校管理職の養成のための教育プログラムを検討するためには，その対象となる管理職候補者の属性や経験を考慮することに意味があることを示している。

4．本節のまとめ

本節においては，調査でたずねた37項目のうち，27項目を用いて共通因子を検証することにより，学校管理職の資質・力量を「学校目標形成・達成力」

「洞察判断力」「協働協調力」「法的管理力」「家庭地域連携力」「学校管理職倫理」の6つの要素に整理し，概念化をはかった。そして，この6要素について，①現職校長による自己評価，②現在の自分自身にさらに必要と思われる資質・力量，③将来，学校管理職になる教員が身につけておくべき資質・力量を検討した。その結果，学校管理職の養成には「学校管理職倫理」と「学校目標形成・達成力」が特に必要と考えられており，「法的管理力」の必要性は低いこと，校種や校長の経験によって必要と考えられている資質・力量の位置づけが異なることが示された。

　それでは，なぜ，現職校長は，「学校管理職倫理」と「学校目標形成・達成力」が重要であると考えているのであろうか。このような結果には，現在，個々の学校に期待されている役割が反映されているとみることができる。つまり，現在の学校は，法的管理を伴う判断を含めた自律的運営が期待されるのではなく，目標達成のための組織的な職務遂行が期待されていることが，学校管理職の内部意識として位置づけられている結果ではないかとする見方である。しかし，一方で，前節では，現職校長が教職員の配置定数や採用という教職員人事についての権限と，学校予算についての権限の強化を求めていることが示されていた。これらの人事や予算の運営は，高度な法的管理力が必要な権限である。このことを併せて考えると，本節で示された学校管理職に必要な資質・力量は，現在の学校を取り巻く制度的枠組みの中において，学校管理職としての職務を果たすための資質・力量であることになる。学校の自立的・自律的経営をどこまで求めるかという制度枠組みのあり方も含めて考える必要があるだろう。

　また，校種や校長の経験によって必要と考えられている資質・力量の位置づけが異なることは，学校管理職の養成プログラムの具体的な内容について，その対象者にあわせた構成が重要であることを意味している。体系的な教育課程の中での個別的な対応の必要性を示唆するものである。

Ⅲ．現職校長が必要と考える学校管理職に必要な資質・力量

　本章では，現職公立小学校長・中学校長に対する質問紙調査に基づいて，現職校長が考える「学校管理職に必要な資質・力量とその形成」について考察を行った。そこから，
① よりよい学校経営のために現職校長が求めている権限・支援体制は，「教職員定数」と「予算」についての権限，「教職員採用」の体制であること
② 学校管理職に必要な資質・力量は，「学校目標形成・達成力」「洞察判断力」「協働協調力」「法的管理力」「家庭地域連携力」「学校管理職倫理」の6つの要素に整理できること
③ 学校管理職の養成には「学校管理職倫理」と「学校目標形成・達成力」が特に必要と考えられており，「法的管理力」の必要性は低いこと
④ 校種や校長の経験によって必要と考えられている資質・力量の位置づけが異なること
が示された。つまり，大学院における学校管理職の養成においては，このような現職校長の考える学校管理職に必要な資質・力量をどのように養成していくかが課題となることになる。

　このことを具体的にみると，教職大学院においては，その修了要件となる共通科目として，「教育課程の編成・実施に関する領域」「教科等の実践的な指導に関する領域」「生徒指導・教育相談に関する領域」「学級経営・学校経営に関する領域」「学校教育と教員の在り方に関する領域」の5領域にわたり，18単位以上の履修が必要とされている。このような領域を，本章で明らかにした6つの要素と対応させてみたものが図表2-18である。

　ここから，教職大学院における共通科目が，学校管理職として特に必要とされている「学校管理職倫理」と「学校目標形成・達成力」の能力形成を含むも

図表2-18　教職大学院の共通科目の領域と調査による6因子の対比

教職大学院の共通科目の領域	調査による6因子
教育課程の編成・実施に関する領域	学校目標形成・達成力
教科等の実践的な指導に関する領域	洞察判断力
生徒指導・教育相談に関する領域	協働協調力
学級経営・学校経営に関する領域	法的管理力
学校教育と教員の在り方に関する領域	家庭地域連携力
	学校管理職倫理

のとなっていることがわかる。教職大学院は，必ずしもスクールリーダー・学校管理職養成のみを目的とするものではないことを考慮すれば，このような部分的な対応関係をもつことの意味は重要であろう。教職大学院は，現職校長の考える学校管理職に必要な資質・力量の形成に貢献できる可能性を有しているとみることができるためである。スクールリーダー養成において，教職大学院のもつ可能性は大きいとみることができるのではないだろうか。

【注】
（1）　久保田武『校長がかわれば学校がかわる』夏目書房，1997年，196頁。学校現場の校長である久保田武は，経験から，①生徒への愛情と教育への使命感，②仕事への情熱，③気力と良心（倫理観），④公平・無私な心，⑤教職員の個性・特性・才能を見抜く眼力，⑥幅広い知識と判断力，⑦説得力，⑧向上心，⑨忍耐力をあげている。
（2）　岩崎裂裟男「教師の行動規範と校長のリーダーシップ」永岡順編著『現代教育経営学』教育開発研究所，1992年，149-150頁。岩崎裂裟男は，自立的・自治的な学校組織体制をつくる校長のリーダーシップという観点から，①高い専門的識見に基づくリーダーシップ，②法令等に関する専門的識見，③高度の倫理性，④豊かな人間性をあげている。
（3）　牛渡淳「スクールリーダーの役割と力量」篠原清昭編著『スクールマネジメント―新しい学校経営の方法と実践―』ミネルヴァ書房，2006年，53-55頁。牛渡淳は，自律的学校経営のためのスクールマネジメントおよびスクールリー

ダーという観点から，(1)スクールリーダーとしての基本的力量（①学校管理職としての自覚・使命感，②教職員の服務監督を行う能力，③法規の理解と適応の能力，④施設・設備の管理，教育課程の管理，児童生徒の安全管理を行う能力），(2)自律的学校経営に必要な力量（①学校のビジョンを作る能力，②カリキュラムを開発し経営する能力，③学校の組織開発やマネジメントの能力，④学校の危機管理に関する能力，⑤学校の評価に関する能力，⑥教職員を評価する能力，⑦学校・家庭・地域の連携に関する能力），(3)深化・発展させるべき力量（①リーダーシップ，②教育政策・教育行財政・教育法規の体系的理解，③国際社会と教育，教育理念と教育思潮に関する理解，④学校の機能と役割・子どもの発達と教育に関する理解）といった3つのレベルに分けて示している。
（4） 加藤崇英「学校管理職の力量に関する研究レビュー」小島弘道編著『校長の資格・養成と大学院の役割』東信堂，2004年，159-162頁。加藤崇英は，学校管理職の経営的力量を，新任期，中堅期，熟達期によってその比重が変化する3つの実践的な Katz, R. L. のスキル（(1)職務遂行能力を意味するテクニカルスキル（事務，施設・設備などの管理技術を含む，教授・訓育的場面における指導方法・技術，指導過程などの力量），(2)協働関係を構築していく力量を意味するヒューマンスキル（他者理解の力，自己理解の力，動機づけ，モラールの昂揚，人材の活用，成員ニーズの理解と充足，集団力学といった知識や技術），(3)教育目標の達成を志向する経営的力量を意味するコンセプチュアルスキル（経営理論，組織および組織行動論，教育理念の深い理解）を紹介している。
（5） 岡東壽隆・杉山浩之「経営概念と経営的力量」岸本幸次郎・久高喜行編『教師の力量形成』ぎょうせい，1986年，219-225頁。岡東壽隆・杉山浩之は，(1)企画能力（①教育目標，経営目標を設定する力，②人的・物的・財政的資源を組織化し，割り当て企画する力，③企画に他の成員を参画させる力，④教育プログラムを開発する力），(2)経営実践力（①意思決定とそれを実行する力，②問題解決力，③維持管理，安全・安定の基準を確保する力，④記録，資料を正確に保管すること），(3)評価能力（①教育プログラムの評価能力，②教職員の職務遂行を評定する力，③自己の職務遂行を評定する力），(4)調整能力（学校やその内部組織のポジティブな風土を醸成し，維持する力，②教職員，行政職員，行政・研究機関との意思疎通を図る力，③教職員および児童生徒の問題状況，批判事項，関心事に対応する力，④学校の教育方針，行政施策，教育プログラム等に関し，地域社会と意思疎通する力，⑤学校の教育プログラムや教育

活動に地域社会の参加を促す力）を示している。
(6)　小島弘道，前掲書，175-179頁。
(7)　北神正行・高橋香代編『学校組織マネジメントとスクールリーダー　スクールリーダー育成プログラム開発に向けて』学文社，2007年，216-217頁。佐藤博志・加納亜紀は，現職校長・教頭だけでなく退職校長も対象に，教育活動に関連した具体的行動に焦点を当てて30項目について調査して，現職者は，①教員評価の方法を明確にし，教員の意欲向上や職能成長につながるような評価を行うこと，②学校教育目標をビジョンや計画に具体化すること，③学校教育目標の達成度を評価するための評価基準を設定すること，④教育成果・教育環境の改善につながるように学校の予算を編成すること，⑤優秀な教員を確保し，学校の課題を考慮して教員を校内に配置することといった項目については，現状よりかなり力量が必要であると考えていること，また，①学校教育活動における危機にそなえて対策をとっておくこと，②教員が，単元開発や指導計画作成において，学校教育目標を反映するように促すこと，③学校教育目標を学校のカリキュラムに反映させること，④学校教育目標を念頭に置いて，教員の指導力を評価すること，⑤学校評価を実施し，評価結果に基づいて今後の行動指針を明確にすることといった項目については，現状より力量が必要であると考えていることを明らかにしている。
(8)　調査において，回答の3分の2がC市の小中学校長の回答となっている。そのため，本調査の解釈には一定の限界があることを予め指摘しておきたい。
(9)　この10項目とは，「(1)校務分掌を整えて，教職員を適切に配置すること」，「(2)国の教育政策の動向を理解すること」，「(5)校内の整備や緑化を進めること」，「(9)幅広い知見に基づき，柔軟で豊かな思考により職務を行うこと」，「(11)自校の教育活動のため，教育委員会の協力・支援を確保すること」，「(19)特色のある学校教育目標を設定すること」，「(26)児童生徒に関する健康・安全に関する情報を収集し，適切に管理すること」「(29)教職員に関する情報の収集と，それに基づいた配慮を行うこと」，「(30)問題が発生したときのために，教職員間に報告・連絡・相談する体制を整備し，機能させること」「(36)学校評価を活用し，教育活動の改善に結びつけること」である。

第3章

教育委員会が求める学校管理職の力量と研修

　大学院における学校管理職の養成について検討するためには，学校管理職の人事権者である教育委員会が，学校管理職に対してどのような資質・力量を求めているかを検討することも必要となる。そこで，本章では，Ⅰにおいて埼玉県教育委員会による校長評価制度，Ⅱにおいて東京都教育委員会による教育管理職選考試験合格者への研修制度を検討することにより，教育委員会が求める学校管理職の力量について検討する。これらの教育委員会の取り組みを通じて，学校管理職に必要な資質・力量を明確にし，大学院に求められる取り組みを検討する基礎的資料とするためである。

Ⅰ．教育委員会が求める学校管理職の力量
―埼玉県教育委員会の校長評価制度の事例を中心に

　学校管理職の人事を処理し，決定する教育委員会が学校管理職に求める力量について，どのような形にせよ，一定の要件あるいは原則を定めているのは言うまでもないであろう。特に管理職の場合には，スクールリーダーとして学校を管理し，経営する責任者としての立場にあり，求められる力量もそうした重責を担い，成功裡に遂行しうる力量ということになる。

本節では，まず初めに各府県教育委員会の学校管理職の（本節では校長の）評価基準を参考に各府県が重要と考えている校長の力量とはどのようなものであるかについて概観し，全国的な傾向と特徴を指摘する。次いで管理職の登用条件と選考試験の状況を概観する。そして最後に，埼玉県の事例を取り上げ，同県の校長評価制度をみることを通して，同県教育委員会が求めている学校管理職の力量について検討する。

以上の検討をとおして教育委員会が求める学校管理職の力量の特徴の一端が明らかにされるであろう。

1．府県教育委員会が求める校長の力量

1）校長評価基準の全国的な傾向と特徴

初めに，文部科学省が行った，2003（平成15）年度「教員の評価システムの構築について」（「これから教員評価を導入しようとしている府県もしくは導入した府県へのアンケート調査」）の調査(1)から，各府県が管理職にどのような評価項目を重視しているのかについて概観する。この調査では，「校長の具体的な評価項目として重要だと思われるもの」とする9項目の質問に対する順位が，リーダーシップ（20県），責任感（16県），判断力（16県），企画・計画力（13県），指導育成実績（13県），交渉・折衝力（12県），知識・識見（11県），積極性（10県），業務実践（10県）となっている(2)。この結果からは，リーダーシップ，責任感，判断力といった項目が多くの府県で支持されていることが分かる。

また，この文部科学省の調査とは別に，2004（平成16）年の中央教育審議会「教員評価システムの改善に関する取り組み事例」の資料(3)から，学校管理職の評価の先進的府県である三重県，神奈川県，大阪府の3つの府県についてその評価項目はどのようなものが選ばれているかをみると，三重県教育委員会の評価項目（2001（平成13年）度から県立学校の校長に対して試行）は，①意欲，責任感，②教育的識見，問題開発能力等，③管理力，④課題解決能力，⑤実績の5つであり，神奈川県教育委員会（2003（平成15年）度実施）は，①能力，②実績，③意欲，そして大阪府教育委員会（2003（平成15）年度試行実施）は，

①業績，②能力となっている。これら学校管理職評価の，いわば先進的府県の評価基準は必ずしも同じものではないが，能力，意欲，実績が共通の評価項目となっている。

　こうした評価項目，とりわけ後の３つの府県の項目は必ずしも目新しいものではなく，勤務評定においても取り上げられている項目である。ただその意味が現在ではより積極的に解されるようになっている。そしてそのきっかけとなったと考えられるは，1998（平成10）年の中央教育審議会答申「今後の地方教育行政の在り方について」であろう。この答申では，校長・教頭選考と人事の在り方等の見直しとして，「校長の選考に当たっては，教育や法令に関する知識等に偏った筆記試験を行わない方向で見直すとともに，教頭の選考についても，そのような筆記試験の比重を縮減するなど，より人物・識見を重視する観点から改善を図ること(4)」と述べている。このように中央教育審議会の答申に見られる人物・人柄重視の管理職選考の見直しの提言は，知識・識見というような評価項目よりも，リーダーシップ，責任感といった評価項目をより重視すべきとの流れをつくるひとつの布石となったと言えよう。ただそうした評価基準が校長の力量形成に本当に役立つかどうかは，どのような評価制度をつくり，その評価の結果が学校改善に役立つものとなっているかどうかである。

２）管理職登用の条件と管理職選考試験の状況
①　管理職登用の条件

　教育委員会が学校管理職にどのような力量を求めているかは，管理職の登用の面に表れる。管理職登用の面はまず年齢や職歴の条件に現れる。文部科学省の「平成17年度公立学校校長・教頭の登用状況について」の調査によると，公立学校の校長数は，36,789人で，そのうち5,232人（前年度比428人減）が平成17年度の新規の登用者であった。登用者の平均年齢は，53.2歳（前年度比0.2歳増）で最多年齢は55歳であった。退職年齢を60歳であると考えると，管理職として約５，６年しか勤務できないことが分かる。

　さらに，校長としての同一校の勤務年数をみると，３年前後であるのが，小

学校(平均3.1年)で38県市,中学校(平均3.0年)で36県市となっている。このように,同一校への勤務年数は,約3年と在任期間は総じて短い。

また,校長の登用以前の職歴としては,教頭が76.9%で一番多く,次に教育委員会・首長部局職員が19.3%となっている。また,教頭の登用以前の職歴としては,教諭が71%,次いで,教育委員会・首長部局職員が23.3%となっている。つまり,校長の職歴は,約70%以上が教員であり,残りの大部分を教育行政職が占めている。

以上のことから,管理職の登用者は,教職員や教育行政職を経験した者であり,年功序列に登用される傾向があること,また,登用後に,管理職としての手腕を発揮する期間が極端に短いことが指摘できる。

② 管理職選考試験

教育委員会が学校管理職に求める力量は,管理職選考試験の受験資格や内容にも示されるであろう。先述の文部科学省の調査によると,管理職選考試験は,小・中学校では校長について平成16年度において55県市が選考試験を行っており,その中の29県市が「選考試験の合格者は,一定期間名簿に登載し,その間に選考により適任者のみを登用すること」としている。

年齢制限は,校長においては小・中学校の43県市で定められており,上限もしくは下限を決めている県もある(例:45歳以上,57歳以下など)。推薦は,小・中学校で31県市が必要とされ,推薦者は,市町村教育長や学校長とされている。

また,管理職試験の方法は,筆記試験と面接試験を共に行っている府県市がほとんどである一方,一部,筆記試験を実施していない県市もある。管理職筆記試験については記述・客観テスト(教育法規など)よりも,論文試験を課す県市が多い。学校管理職論文試験の対策問題の模範解答について検討した榊原は,試験対策書の論文試験の設問とその模範解答には教育委員会側の管理職評価のポイントが垣間見られること,そして模範解答には心構えや精神論を訴えるものが多く,改善のための具体的な行動が見えてこないものが少なくないと指摘した上で,このような職員の意識改革のみで論じさせようとする傾向は,

管理職に予算権や人事権がほとんどないことが背景にあると述べている。[9]

以上の管理職登用の条件から見ると校長の登用受験資格には年齢その他の制限が設けられていること，また管理職選考試験の論文試験については心構えや精神論を求める解答が多いと推察されることを考えると，校長登用の際に考慮される力量は，前述の中教審答申の提言とはまだ隔たりがあるように思われる。

2．埼玉県の校長評価制度

校長の力量評価を実効性あるものとするにはそれを可能とする制度が不可欠である。ここではそうした制度が整備されている埼玉県の校長評価基準制度について見てみる。

1）埼玉県の学校管理職人事評価制度
① 埼玉県の学校管理職人事評価の目的

埼玉県教育委員会は，学校をめぐるさまざまな教育課題の解決を目指して，新しい教員評価制度の導入に先立ち，2005（平成17）年度から新たな管理職の人事評価の試行に踏み切った。この背景としては，教育改革国民会議等の各種答申を受け，文部科学省が指導力不足教員の対応のため，2001（平成13）・2002（平成14）年度に人事管理システムに関する調査研究を全ての都道府県教育委員会に委嘱したことがあげられる。[10]以下では，埼玉県の制度の特徴を確認する。

② 評価者と評価対象者

埼玉県の管理職評価においては，市町村立学校と県立学校では評価者がそれぞれ異なっている。最終的には，それぞれの管轄の教育長まで評価が届く仕組みになっている。

教頭は当該学校の校長のみならず，市町村教育委員会人事担当部長もしくは埼玉県教育局指導部長といった第二次評価者をへて，それぞれの地区の教育長に評価される，3段階の評価となっている。それに対して，校長は，市町村教育委員会人事担当部長もしくは埼玉県教育局指導部長といった第一次評価者を

経て，市町村立学校の校長は市町村立教育長に，県立学校の校長は，埼玉県教育委員会教育長に2段階で評価される仕組みとなっている。

図表3-1　埼玉県における管理職評価者と評価対象者

	市町村立学校評価対象者		県立学校評価対象者	
	校　　長	教　　頭	校　　長	教　　頭
第一次評価者	市町村教育委員会人事担当部長	当該校長	埼玉県教育局指導部長	当該校長
第二次評価者		市町村教育委員会人事担当部長		埼玉県教育局指導部長
最終評価者	市町村教育委員会教育長		埼玉県教育委員会教育長	

出所）　埼玉県教育委員会「新たな教職員評価システムの導入に向けて―教職員評価検討会議報告書」2005年2月，6頁

③　学校管理職に求められる職務と評価基準

次に，学校管理職に求められる職務と評価基準を見てみよう。校長の評価領域と評価項目は図表3-2のようになっている。

埼玉県の管理職評価は，図表でみるように，「学校経営の一般」，「教育計画と実施」，「職員の指導・監督」の3つの大枠としての評価領域とそれに対応する「学校経営の改善及び運営管理」，「開かれた学校づくり」，「施設・事務等の管理及び予算運用」，「年度の重点目標及び教育計画の実施・評価・改善」「職員の指導育成及び勤務状況の把握」の5つの評価項目から構成されている。そしてそれぞれの評価項目には，具体的な職務例が明記されており，どのような行動が評価されるのかはっきりとわかる仕組みになっている。さらに，具体的な職務例の他に，人事評価シートに詳細な行動プロセスの評価基準が設けられている。

評価にあたっては，管理職のどのような能力を主に評価するのか，県によってその判断は異なるが，埼玉県が重視する能力は，次の考え方に基づく。すなわち，埼玉県教育委員会は，管理職評価の能力の領域をA：人事評価で評価される能力（職務遂行上発揮された能力），B：保有する職務遂行能力（職務遂

図表3-2　埼玉県における学校管理職の評価基準

評価領域	評価項目	職務の具体例
学校経営の一般	Ⅰ　学校経営の改善及び運営管理	「目指す学校像」を踏まえ，課題解決のための校務分掌の組織化
	Ⅱ　開かれた学校づくり	関係機関・保護者・家庭・地域等との連携，学校評議員制度や学校評価システム等の運営，校種間連携，情報提供等
	Ⅲ　施設・事務等の管理及び予算運用	施設設備の管理，文書・会計等の事務管理，保健衛生・安全管理，効果的な予算運用等
教育計画と実施	Ⅳ　年度の重点目標及び教育計画の実施・評価・改善	教育計画の実施，教育課程の編成・運用，進路指導，生活指導，特別活動等の実施
職員の指導・監督	Ⅴ　職員の指導育成及び勤務状況の把握	職員の指導育成，勤務状況の把握，規律確保，職員研修の実施，職員の保健安全管理等

出所）埼玉県教育委員会「新たな教職員評価システムの導入に向けて─教職員評価検討会議報告書」2005年2月，7頁

行上発揮されなかった能力），C：保有する全人格的な能力と3つの区分をした上で，評価する能力は，Aの職務遂行上発揮された能力であるとし，目に見える行動・成果を判断の対象としている。

その例が，生徒指導についての評価で説明されている。生徒指導においては，意欲をもって，自分がよかれと思う手法で能力を発揮したとしても，それが成果として表れなければ評価を下すことは困難を極める。そのため埼玉県では，個々人への評価は，意欲や潜在的能力といったことではなく，行動プロセス（職務遂行過程の能力・執務姿勢）を基に評価することとしている[11]。

以上のような評価領域や項目，そしてそれに付随する具体的な職務内容からすれば，埼玉県は以下のような校長像を求めていると考えられる。①綿密な教育目標と教育計画を立て，それを実施していくこと。②学校経営の改善に向けて明確なビジョンを持ち，リーダーシップを発揮して教職員を指導，管理し，

さらに地域と関係機関に説明し連携していくこと。③施設や事務，財務の管理にも気を配り，与えられた資源を最大限に活用すること，である。埼玉県教育委員会の島村和男教育長は埼玉県議会において「校長・教頭の管理職には，より一層のリーダーシップと組織運営能力が求められて」いると述べており，そのことはこうした校長像と深く関連していると言えよう。

④ 校長評価の方法

埼玉県では，2002（平成14）年度から人事評価の手法として，目標管理手法を導入している。目標管理手法とは，評価対象者が基準日までに一年間の達成すべき目標を決め，その目標の達成度を自己申告し，評価者から達成度に応じて評価が下されるものである。校長評価にもこの目標管理手法が導入されている。校長評価は，自己申告シート，人事評価シート，総合評価シートの3つの方法から構成されている。

年度初めに，目指す学校像を明確にした上で，評価対象者は自己申告シートの評価項目Ⅰ（学校経営の改善，運営管理）からⅤまでについて今年度の目標を定め，その目標を達成するにはどの程度困難なのかについて3段階（5：努力すれば達成できる目標できわめて高い水準，4：努力すれば達成できる目標で高い水準，3：標準的な維持目標）で困難度を査定し自己申告する。その困難度は，第一次評価者と話し合いの末，決定される。年度途中で中間申告を行い目標を修正する。評価対象者は，最終申告において，評価の基準日までの目標達成度を3段階（a：目標を完全に達成できた状態をいう（達成度10割），b：目標をほぼ達成できた状態をいう（達成度8割以上），c：目標を達成できなかった状態をいう（達成度8割未満））で自己評価をする。それに対して，第一次評価者が，困難度と達成度を鑑みて，5段階（S：困難度の高い職務に対して期待以上の実績であった。A：期待以上の実績であった。B：期待通りの実績であった。C：期待を下回る実績であった。D：期待を大きく下回る実績で，支障をきたした。）で評価対象者を評価し，指導・助言をする。さらに，第一次評価者から報告を受け，第二次評価者が最終的な評価をつける。

この手法により評価者と評価対象者が面談によって意思疎通がはかられ，行

政側による一方的な評価を避けられる仕組みとなっている。埼玉県では、この目標管理手法に、目標の達成度のみで判断せず、困難度を取り入れた点に独自性が見られる。例えば、困難度が5（努力すれば達成できる目標で極めて高い水準）で達成度がb（達成度8割以上）の場合は、Aの評価が受けられる。しかしながら、困難度が3（標準的な維持目標）で達成度がb（達成度8割）であっても、標準的な評価段階であるBよりも評価が低いC（期待を下回る実績であった）の評価しか受けられない。つまり、達成が簡単な目標を8割成し遂げるよりも、これまで達成が困難だと認定された分野に取り組んで8割達成した方が高く評価される仕組みとなっている。このことによりやさしい目標を立て、前年度を踏襲したような学校のあり方を継続するよりも、難しい目標にも果敢に取り組んでいき、学校改善を図るリーダーシップを校長に期待しているのである。

3．本節のまとめ

以上、限られた範囲のなかでの検討であったが、府県教育委員会ととりわけ埼玉県教育委員会が校長に求める力量の一端が明らかになったと言えよう。それをまとめて言うと、府県教育委員会が校長に求められる力量はリーダーシップ、責任感、能力、意欲、実績等であり、それは従来から勤務評定などで評価の対象とされてきた力量観とほぼ同一であること、しかし近年の自立的・自律的学校経営の動向の下、そして人物重視の傾向のなかでより現実的で積極的な意味合いをもつようになってきているのではないかということである。

ただし本節では述べなかったが、現実の校長登用や選考にあたっては年齢制限等による一定の資格要件があり、必ずしも府県教育委員会が重視する力量観と一致するようなシステムになっていないことがある。いわば、理想としての力量観と現実の校長登用・選考システムの間に齟齬があるように思われるのである。この2つを結びつけてこそ府県教育委員会が求める力量が現実に査定・評価され、その後の校長の力量形成につながっていくものと思われる。

そしてそれを結びつける媒介の役割を果たすのが評価制度である。「公立学

校校長・教頭の登用状況」の調査[14]のなかで，文部科学省も年功序列ではなく，優秀な管理職登用のために，評価方法や任用方法の改善を各県市に期待するとしている。

　そうしたなかにあって埼玉県の校長評価制度は，早急な結論は避けなければならないが，校長評価を，求められる力量に結びつける制度として評価されるべきであろう。こうした評価制度の優れている点はリーダーシップとか意欲とか能力という個別の項目を評価するのではなく，学校経営の改善・運営管理，あるいは開かれた学校づくりといったひとまとまりの仕事を評価の対象としていることである。校長の仕事とは，個別力量の総体の相互作用の結果として表出される仕事であり，その意味でひとまとまりの仕事を評価の対象とすることは妥当であろう。また，埼玉県の評価制度において，困難な課題を解決しようとする校長の取り組みを高く評価する方式は，校長の力量の発達を促し，学校教育の改善に資するものが大きいであろう。

　以上のことからすれば，繰り返しになるが，府県教育委員会が求める校長の力量については適切な評価制度の構築とその運用，そしてそれを学校改善につなげる工夫があって，その着実な形成が促進されるということであろう。

Ⅱ．教育委員会による学校管理職養成研修
―東京都教職員研修センターの2006年度の管理職研修を中心に

1．本節の目的と構成

　本節は，教育委員会による学校管理職養成を目的とした研修事業を確認することを通じて，学校管理職の養成プログラムを考察することを目的とする[15]。学校管理職の養成を目的とする研修は，任命権者である教育委員会によって管理職選抜試験の合格者に対する研修事業として実施されている。そこで，具体的事例を取り上げて，自治体により実施されている学校管理職養成の研修事業の

現状について確認することにしたい。

　以下では，まず都道府県の教育委員会によって行われている学校管理職養成の研修を考察するための探索的な試みとして，関東地域の都県教育委員会により実施されている教職研修事業を概観する。そして，具体的な研修プログラムを考察するために東京都教育委員会の教育管理職研修制度(16)を取り上げ，その特徴を確認する。そして，教育委員会における管理職養成事業から学校管理職養成プログラムのあり方について検討を行う。

2．関東地域の都県教育委員会による教職研修事業

　地方自治体による教員に対する研修としては，法律上の規定によって行われる法定研修と教育委員会が必要に応じて行う研修がある。そして，これらの研修事業を計画し，実施するための担当組織として多くの都道府県・市町村には「教育センター」「教育研究所」(17)が設置されている。教育センターは，現職教員の研修事業，教育に関する調査研究，地域への教育サービスの提供を主な業務としており，そのなかでも現職教員の研修事業は中心的な業務とされている(18)。学校管理職養成のための研修も，教育センターによる研修事業の一環とされているものである。

　それでは，各自治体の教育センターでは，学校管理職を対象にどのような研修が行われているのであろうか。図表3-3は，2006（平成18）年8月時点で関東地域の1都6県において行われている学校管理職に対する研修事業を受講対象別に整理したものである。

　ここからわかることは，自治体により研修の対象とされている役職が異なることである。例えば，新任の管理職者への研修をみると，新任の校長と教頭（副校長）を対象とする研修はほとんどの自治体で実施されている一方で，指導主事や学校内の各種主任（主事）に対する研修については，実施している自治体と実施していない自治体が，同数程度存在している。他方，現任者に対する研修についてみると，研修事業の実施状況に自治体による相違がみられる。これらのことから，学校管理職に対する自治体の研修の実施状況は一様ではな

図表3-3　1都6県における学校管理職研修の開講状況（対象別）

	新任者						
	新任校長	新任教頭（副校長）	新任指導主事	新任教務主任（主事）	新任生徒指導主事（主任）	新任進路指導主事（主任）	新任学年主任
東　京	○	○	○	-	-	-	-
神奈川	○	○	○	-	-	-	-
千　葉	○	○	-	○	-	-	-
埼　玉	○	○	-	-	-	-	-
群　馬	○	○	-	○	○	○	○
栃　木	○	○	-	○	○	○	○
茨　城	○	-	-	○	-	-	-

	現任者・その他					
	校　長	教　頭（副校長）	その他の校内の役職者	管理職候補者・校長候補者	学校運営・経営に関する研修	その他
東　京	○	○	○	○	○	○
神奈川	○	○	-	-	○	-
千　葉	-	-	○	○	○	-
埼　玉	○	-	-	-	○	-
群　馬	○	○	○	○	-	-
栃　木	○	○	-	○	-	-
茨　城	-	○	○	-	○	-

出所）　各都県の「教育センター」のウェブサイトの掲載情報[19]

　く，それぞれの自治体による裁量の余地が大きいことをみることができる。このことは，自治体による学校管理職に対する研修事業の検討にあたっては，個々の自治体の独自の研修体系を前提にした分析が必要であることを意味している。

　そこで以下においては，具体的な研修プログラムとして東京都の教育管理職研修を分析の対象として取り上げ，その研修内容の特徴を検討することにした

い。なお，資料は，調査時点である2006（平成18）年度の研修内容に基づいている。

3．東京都における教育管理職養成を目的とする研修事業

1）東京都の教育管理職選考の現状とその経緯

東京都には，東京都の教育の充実を図るための研修・研究を一元化し，効率的で充実した研修を実施するとともに研究機能の充実を図ることを目的とした「東京都教職員研修センター」が設置されており，教職員の研修，教育に関する研修，教育に関する資料収集や教職員に対する研究相談などの事業が行われている[20]。研修事業は，2002（平成14）年度まで指定研修と専門研修に区分されていた研修体系が再構成され，2003（平成15）年度より必修研修・職層研修・選択課題研修と区分されている。校長，副校長，主幹[21]，主任等の教育管理職，管理職候補者等を対象とする研修は職層研修として位置づけられている。

教育管理職の養成制度を概観すると，まず選考試験として教育管理職候補者A選考とB選考という2区分の選考試験が行われており，その合格者に対して管理職候補者として研修が行われ，研修受講後に教育管理職への任用試験がなされている。A選考は「行政感覚にも優れた教育ゼネラリスト的な管理職の養成」を，B選考は「即戦力として活用する学校運営のスペシャリスト的な管理職の養成」が目的とされており，受験資格等が異なっている。

このような研修体系は，2000（平成12）年より導入された制度である。その導入の経緯をみると，都立高校による教育委員会に対する虚偽報告などを背景に，都立学校に対する都教育委員会のあり方について検討することを目的に1997（平成9）年に設置された「都立学校等あり方検討委員会」（委員長：教育庁次長）による報告書『都立学校等のあり方検討委員会報告書―校長のリーダーシップの確立に向けて』（1998（平成10）年3月）において，管理職任用制度の改革が提言されたことを背景としている[22]。この報告書では，それまでの管理職任用制度が指導主事選考と教頭・校長選考の2つの系列に分かれていることの問題点が指摘され，①校長・教頭選考と指導主事選考を一本化するととも

図表3-4　東京都教育委員会による教育管理職選考制度の変更点
（1999年以前・2000年以降）

区　　分	1999年以前		2000年以降	
	教頭選考	指導主事選考	A選考	B選考
年　　齢	37-49歳	34-44歳	33-41歳	44-55歳
職　　歴	教職歴　12年以上 都教職歴7年以上	教職歴　11年以上 都教職歴7年以上	都教職歴7年以上	都教職歴14年以上
選考方法・内容	・筆記試験－論文2題（設問式,事例式） ・面接試験 ・選考資料	・筆記試験 　ア　教養試験 　　（教頭選考論文と同一） 　イ　専門試験 ・面接試験 ・選考資料	1次選考 ・筆記試験 　ア　択一（40問） 　イ　論文（1題） ・業績判定 2次選考 ・面接試験	
育成方針	教頭として学校経営に関する実践的問題解決能力の向上	・学校事故への対応,研修計画など指導主事の専門能力の育成 ・健全育成,人権教育など,教育課程への対応能力の涵養	行政感覚にも優れた教育ゼネラリスト的な管理職の育成	即戦力として活用する学校運営のスペシャリスト的な管理職の育成
任用方針	・1年間の任用前研修期間 ・同一校または他校への転任	・1年間の任用前研修期間	・5年間の管理職候補期間 ・指導主事等行政系の職への任用 ・学校機関要因への配置（学校経営未経験,経験附則者の場合）	・2年間の管理職候補者間 ・主に学校基幹要員への配置
任用審査	・研修の受講状況,課題論文,面接及び所属長の意見等を踏まえ,任用審査会で総合的に判定		・研修の受講状況,課題論文,面接及び業績評定等を踏まえ,任用審査会で総合的に判定 ・任用審査の限度は3回まで。	

出所）「東京都教育管理職任用制度について」より作成

に年齢や経験等ライフステージに即した複数の選考区分を設けること，②選考合格者の任用管理を一本化すること，③選考合格後の任用基準等を見直し，ジョブローテーションの導入や研修の充実など計画的な人材育成プログラムが実施できるものとすること，などが改善策として示された[23]。このような提言に沿って，東京都教育委員会は1999（平成11）年6月に「教育管理職任用制度の改正について[24]」として校長・教頭および指導主事の任用制度を抜本的に見直すことを公表し，2000（平成12）年より新制度による教育管理職選考が行われている[25]。図表3-4は，1999（平成11）年以前の教頭選考・指導主事選考と以降の教育管理職A選考，B選考の相違を示したものである。

　ここから，2000（平成12）年の制度変更により，教育管理職選考が職制別による選考試験から，年齢および経験年数を主たる基準とした選考試験になり，そして，合格後の候補者への研修期間が延長されていることがわかる。その特徴をみると，まず，選考試験の合格から管理職任用までの期間が延長されている。このことは管理職候補者としての研修期間の充実が図られたことを意味している。さらに，研修期間は指導主事や主幹として行政職と学校間をジョブローテーションとして異動することとされ，多様な経験を経ることによる教育管理職としての育成が意図されるものとなっている。したがって，このときの制度変更によって，教育管理職の任用が，選考試験中心の制度から研修中心の制度へと転換されたと見ることもできるだろう。

2）教育管理職候補者研修の内容と方法

　それでは，A選考・B選考の合格者に対する研修内容はどのように構成されているのであろうか。各選考の合格者に対する研修は，それぞれの選考試験に対応するかたちでA研修とB研修とに区分されており，前者が5年間，後者が2年間の在職研修となっている。それぞれの試験の合格者は，管理職候補者とされ，ジョブローテーションとして指導主事や各学校の主幹に任用されるとともに，教職員研修センターの主催する研修を受けることとされている。A選考では，合格後1年目からA1区分の研修が行われ，年度ごとの研修を受講し，

図表3-5　教育管理職候補者
A　研　修

区分	形　態	内　　　容
A1	講　義	教育管理職候補者研修について
	講　義	東京都の教育行政の目指すもの
	講義・演習	教育課程の編成と管理
	協　議	グループ研修「教育課程の管理」
	講　義	教育法規
	講　義	組織と意思決定（文書事務を含む）
	講　義	特別支援教育の理解と推進
	協　議	グループ研修「教育課程の管理」
	講　義	人権教育の推進
	講　義	人事考課制度Ⅰ
	協　議	グループ研修「教育課程の管理」
	グループ面接指導	グループ研修「中間発表」
A2	講　義	教職員の人権管理（教育公務員制度を含む）
	講　義	関係諸機関との連携
	講　義（※）	学校運営基礎
	協　議	グループ研修「教育課程の管理」
	講義・演習（※）	プレゼンテーション
	協　議	グループ研修「教育課程の管理」
	発表・協議	グループ研修「研究発表会」
	講　評	グループ研修「研究発表会」について
	演　習	授業力向上
A3	講義・演習（※）	問題解決方法
	講義・演習（※）	ＳＷＯＴ分析
	講義・演習（※）	民間企業の組織経営
	講義・演習（※）	人材育成
	講義・演習（※）	ディベート
	個人面接指導	3年次課題論文研修
A4	講義・演習（※）	学校におけるリーダーシップ
	講　義	情報公開と個人情報保護
	講義・演習	教職員の服務管理
	講　義	学校の危機管理
	講　義	人事考課制度Ⅱ
	演　習	ロールプレイング
A5	講　義	学校改革とリーダーシップ
	講　義	予算・決算・監査
	講義・演習	学校運営改革
	講義・演習	リスクマネジメント
	講義・演習	教職員の労務管理

A研修・B研修の研修内容（2006年）

B 研 修

区分	形態	内容
B1	講義	東京都の教育行政の目指すもの
	講義	他機関との連携
	講義	授業力向上
	講義	教育課程の編成と管理
	講義	組織と意思決定（文書事務を含む）
	講義	学校教育における人権教育の推進(セクシュアル・ハラスメント、体罰の防止を含む)
	講義	学校の教育課題
	講義・演習	人事考課制度Ⅰ・Ⅱ
	講義（※）	教育法規
	講義	教職員の人事管理
	演習	ディベート
	講義・演習	教職員の服務管理
	演習・講義	人事考課評価者訓練Ⅲ
	講義	汚職等非行防止
	講義	特別支援教育の理解と推進
	講義	学校の危機管理
	個人面接指導	課題論文研修
B2	講義	人材育成
	講義・演習（※）	コーチング
	講義・演習	人事考課制度Ⅲ
	講義	特色ある学校づくり
	講義	私立学校の経営
	講義	教職員の労務管理
	講義（※）	学校経営におけるリーダーシップ
	講義	学校経営におけるリーダーシップ
	講義・演習	法規演習
	演習	特色ある学校づくり（ＳＷＯＴ分析）
	講義・演習	苦情等への対応
	演習	副校長の役割
	講義（※）	教職員のメンタルヘルス

（※）は外部講師による担当
出所）東京都教職員研修センターの資料より作成

5年目のA5区分の研修を終えることにより研修期間を満了する。B研修は，2年間がB1（1年目）とB2（2年目）に区分される2年間の研修計画となっている。図表3-5はそれぞれの研修内容を整理したものである。

ここから，A研修・B研修はほぼ同じ内容となっており，実践的な内容を中心に構成されていることがわかる。「経営・リーダーシップ」，「教育課題」，「人権教育」，「法規，労務・服務管理」，「教育課程」，「人材育成」，「危機管理・事故対応・訴訟対応」，「連携（学校・行政・地域・保護者）」，「職務内容」に関する内容が偏りなく配分されており，学校経営に必要な内容を網羅的に提供しているといえる。両者を比較するとB研修では「コーチング」「副校長の役割」という科目が置かれ，「学校経営におけるリーダーシップ」や「人事考課制度」に関する科目数が多いなど，より学校現場で即時的に活用できる内容に傾斜されている傾向がみられ，即戦力としての学校経営のスペシャリストの養成を意識したものになっている。他方，授業形態をみると，A研修・B研修とも講義・演習・協議が織り交ぜられている。このことから知識の習得・応用・相対化が計画的に意図されていることをみることができ，特定の授業形態による研修によるのではなく，研修方法についての配慮もなされているといえる。

このように教育管理職候補者に対する研修内容を確認すると，実践的な内容を中心に，学校管理職の職務を果たすために必要な内容が幅広く提供されていることがわかる。ただし，各科目については1日のみの限られた時間のなかでの受講となっているため，それぞれの科目についてどの程度の深い内容が提供されているか，必ずしも十分な内容が提供されているかどうかについては定かではない。

3）教育管理職選考の課題と今後の改善方策

2000年度より導入された，このような教育管理職選考と管理職候補者研修制度に対して，現在，東京都教育委員会はさらなる見直しをすすめようとしている。そこで，以下では，東京都教育委員会が示している今後の制度展開につい

図表 3-6　教育管理職候補者A選考・B選考の受験者数と合格者数の推移

		2000	2001	2002	2003	2004	2005
A選考	受験者（人）	833	655	531	390	258	188
	合格者（人）	107	128	125	130	108	86
	倍　率	7.8	5.1	4.2	3.0	2.4	2.2
B選考	受験者（人）	1,084	979	1,478	870	871	909
	合格者（人）	347	220	391	216	179	271
	倍　率	3.1	4.5	3.8	4.0	4.9	3.4

出所）「これからの教員選考・任用制度について」17頁より作成

て確認しておきたい。

　東京都教育委員会は2005（平成17）年9月に「教員任用制度のあり方検討委員会」（委員長：教育長次長）を設置し，教員の採用選考から管理職任用のあり方にいたるまで，教員の人事政策に関する幅広い検討を行った。同検討委員会は2006（平成18）年3月に『これからの教員選考・任用制度について』という報告書を公表している。そこでは，現行の教育管理職選考制度については，教育現場と教育委員会の相互理解を進めることなどに一定の成果を挙げているとしつつ，優秀な人材の確保・育成と教員の年齢構成の平準化の観点から，今後の改善方策を提言した。

　報告書の内容を確認すると，今後数年間に教育管理職の退職者数がピークに達することを背景に，現行制度により管理職補充をすすめる場合，管理職の年齢構成に偏りができることや，2000（平成12）年の新制度以降，受験者数の減少による倍率の低下傾向がみられることから（図表3-6），このような状況において退職者補充のための合格者数の増員を行うと合格者の質の低下をもたらしかねないことについて懸念を示している。

　そして，このような課題に対応するために，①現行制度では，B選考合格者の管理職への任用がA選考合格者の管理職への任用よりも早まることを避けるために，A選考・B選考ともに受験資格が与えられていない42歳・43歳の教員に対してA選考の受験資格を付与することで受験対象者を拡大すること，②ベ

テラン教員を活用するために，複数年度の業績評価を基に校長または区市町村教育委員会が即戦力としての管理職として責任を持って指名・推薦した教員を対象に面接を実施することで管理職候補者を選考するＣ選考を新設すること，③優秀な教育管理職を退職後もフルタイムの再任用教員等として校長・副校長として活用すること，という具体的な提言を行った。

その後，東京都教育委員会は2007年度より公立小学校において退職する校長・副校長を管理職として再任用する方針を示した。[27]このことは報告書が提示した内容に沿うものであり，現在，報告書の提言が実現されていく過程にあるとみることができるだろう。そのため，報告書が提言する「Ｃ選考」のように経験を考慮する選考制度が具体的に創設されるならば，その選考合格者としての管理職候補者に対する研修制度がどのように構成されるかについて注視する必要があると思われる。なぜなら，経験を優先した選考制度が構築される場合，若手・中堅教員を管理職に登用する既存の選考（Ａ選考・Ｂ選考）とは研修内容が異なるものとされることが想定されるためである。Ｃ選考では，管理職としての実践的能力と選考過程で評価された豊富な経験による教育の実践的能力の区分がなされることになるだろう。したがって，Ｃ選考が創設される場合，その対象者に対する研修において提供される内容は，教育管理職としてどのような能力が必要であるかを端的に示すものになることが予測される。

4．教育委員会における管理職養成にみる学校管理職養成プログラムのあり方

これまで東京都教育委員会による管理職選考・研修プログラムを中心に，教育委員会における管理職研修をみてきた。その結果，東京都では近年，教育管理職選考と研修を大幅に変更し，今後さらなる充実をはかろうとしていることが確認された。その研修プログラムでは，教育管理職候補者に対する実践的な内容を中心に，学校管理職の職務を果たすために必要な内容が幅広く提供されていることが明らかになった。

東京都にみられるような，教育管理職候補者研修においてジョブローテー

ションを通じて教育行政と教育現場の連携・交流を図ることは，任命権者である教育委員会においてのみ実現可能な内容であり，その取り組みの意味はきわめて大きいといえる。しかしながら，実践的な課題を中心とする研修プログラムにおいては，幅広い内容の提供がなされていることからも，理論的背景を十分に提供できる時間的余裕が持てていない可能性もある。さまざまな変化の激しい現在の学校教育の管理を担当する学校管理職には，教育課題に対処するための応用可能性と現実的対応力が必要であり，それらは理論的背景と実務的経験を融合させることにより身につけられるものである。したがって，今後，教育委員会の提供する研修の個別科目の具体的内容を検証することを通じて，理論的な深さを検討していく必要があると考える。そのことは，大学院における研修プログラムの提供との役割分担を考えるためにも重要な意味をもつものとなるであろう。今後の課題としたい。

補記

　本節は，2006（平成18）年の調査に基づいて執筆されたものである。その後の東京都教育委員会の教育管理職選考制度の変化等について補足的に記載しておきたい。
　まず，本節で言及した教育管理職選考Ｃ選考は具体的に導入され，学校現場での経験に基づく管理職登用が開始されている。他方で，2007（平成19）年7月には，今後，教育管理職の大量退職期を迎えること等に対応するために，「教育管理職等の任用・育成のあり方検討委員会」が東京都教育庁内に設置され，教育管理職候補者の任用と育成の再検討が行われた。同検討委員会は，2007（平成19）年12月に第1次報告，2008（平成20）年3月に第2次報告を行い，2008（平成20）年7月に最終報告を提出している。そこでは，教育管理職Ａ選考・Ｂ選考ともに受験資格年齢の引き下げる等の教育管理職選考の変更が提案されるとともに，副校長・主幹教育の育成と職務権限のあり方も再検討された。そして，最終報告とともに，「実施状況と今後の実施指針」があわせて示されており，東京都教育委員会の教育管理職の任用・育成は，同検討委員会

の報告に沿って行われることになっている。

また一方で，東京都教育委員会では，既に本書第1章Ⅲで触れたとおり，2008（平成20）年4月に発足した教職大学院制度を管理職研修に取り入れており，都教育委員会と連携する教職大学院にA選考合格者を派遣する研修制度を創設し，実施している。

このような近年の東京都教育委員会の対応から，教育管理職の選考と育成は，社会状況や関連制度の変化にあわせて変化していくものであることがわかる。教育委員会による教育管理職の育成は決して固定的なものでなく，必要に応じた変化や対応がなされる柔軟な取り組みであることは重要であると思われる。

【注】
（1） 中央教育審議会，初等中等教育分科会，教育行財政部会学校の組織運営に関する作業部会（第5回）議事録・配布資料，資料4，「教員の評価システムの構築について」，2004年7月29日。
http://www.mext.go.jp/b_menu/shingi/chukyo/chukyo3/gijiroku/017/05030201/003.htm
（2） 同上資料，3頁。
（3） 中央教育審議会，前掲資料，資料3，「教員評価システムの改善に関する取り組み事例」，1-5頁。
（4） 中央教育審議会，「今後の地方教育行政の在り方について」，1998年9月20日，第3章第3項，一部引用。
http://www.mext.go.jp/b_menu/shingi/12/chuuou/toushin/980901.htm
（5） 文部科学省「平成17年度公立学校校長・教頭の登用状況について」3頁。
http://www.mext.go.jp/a_menu/shotou/jinji/06012014.htm
（6） 同上資料。
（7） 下村哲夫編『2003校長教頭試験問題集』学陽書房，2002年，88頁。
（8） 榊原禎宏「管理職試験の制度と言説」小島弘道編『校長の資格・養成と大学の役割』東信堂，2004年，84頁。
（9） 小島弘道編，前掲書，85頁。
（10） 教育改革国民会議報告，「―教育を変える17の提案―」2000年12月22日，第17番，提言(4)引用「効果的な授業や学級運営ができないという評価が繰り返し

あっても改善されないと判断された教師については，他職種への配置換えを命ずることを可能にする途を拡げ，最終的には免職などの措置を講じる。」
http://www.kantei.go.jp/jp/kyouiku/houkoku/1222report.html
(11) 埼玉県教育委員会「新たな教職員評価システムの導入に向けて―教職員評価検討会議報告書」2005年2月，4頁。
(12) 埼玉県議会　平成19年12月定例会　一般質問における「教員管理職への登用方法の見直しについて」に対する島村和男教育長の答弁（2007年12月12日）。
http://www.pref.saitama.lg.jp/s-gikai/gaiyou/h1912/1912l050.html
(13) 埼玉県教育委員会，前掲資料，1頁。
(14) 文部科学省，前掲書，「公立学校校長・教頭の登用状況」，4頁。
(15) 本節は，早稲田大学教育総合研究所編『早稲田教育評論』21号（2007年3月）に掲載された「学校管理職養成・研修制度の実態と課題（中間報告）」のうち，87-97頁を再録したものである。本節は，2006年度時点の情報によるものである。
(16) 東京都では，「教育管理職」という表現が用いられていることから，以下では東京都における学校管理職については，教育管理職の表記を用いる。
(17) これらの研修事業を担当する「教育センター」は，東京都では「東京都教職員研修センター」，千葉県では「千葉県総合教育センター」，茨城県では「茨城県教育研修センター」と名付けられており，各自治体により呼称が異なる。本稿においては，特定のセンターを指さず，これらの担当組織を一般的に呼称する場合には「教育センター」と記すことにする。
(18) 牧昌見編著『教職研修の総合的研究』ぎょうせい，1982年，23頁。
(19) 参照した各自治体の教育センターは次のとおりである。
東京都：東京都教職員研修センター
（http://www.kyoiku-kensyu.metro.tokyo.jp/）
神奈川県：神奈川県立総合教育センター
（http://www.edu-ctr.pref.kanagawa.jp/）
千葉県：千葉県総合教育センター（http://www.ice.or.jp/~sose2/）
埼玉県：埼玉県総合教育センター（http://www.center.spec.ed.jp/）
群馬県：群馬県総合教育センター（http://www.center.gsn.ed.jp/）
栃木県：栃木県総合教育センター（http://www.tochigi-c.ed.jp/）
茨城県：茨城県教育研修センター（http://www.center.ibk.ed.jp/）
2006年8月4日に各教育センターのウェブサイトにアクセスし，研修情報を収

集した。
(20) 東京都教職員研修センターは，それまで都立教育研修所・多摩教育研究所・東京都総合技術教育センター，教育庁各部で行っていた研修を一元化することを目的に2001年に設置された。
(21) 東京都教育委員会は，2003年度に独自の学校管理職制度として主幹制度を導入している。
(22) 都立学校委員会報告書都立学校等あり方検討委員会『都立学校等のあり方検討委員会報告書―校長のリーダーシップの確立に向けて』(1998年3月)。
(23) 同上資料。
(24) 東京都教育庁「教育管理職任用制度の改正について」『教職研修』第326号, 教育開発研究所, 1999年, 145-148頁。
(25) 2000年には，学校管理職選考試験の変更とともに，校長任用制度もあわせて変更がなされた。それまでの論文と面接による選考から，業績評定や面接等による選考に変更された。
(26) 東京都教職員研修センター『平成18年度 研修案内』2006年。
(27) 『朝日新聞』2006年9月27日付，朝刊。

第4章

学校を支え，動かす学校管理職の力とは何か
―公開シンポジウムの記録―

はじめに

　本章は，早稲田大学教育総合研究所 C-1部会（研究代表：白石裕）の主催により2007（平成19）年10月27日（土）に行われた公開シンポジウム「学校を支え，動かす学校管理職の力とは何か」の基調講演とシンポジストの報告の記録である。

　公開シンポジウム開催の趣旨は，地方分権・教育改革によって学校の裁量が増大し，特色ある教育活動づくり，「確かな学力」の定着，保護者・地域との関係づくりなどさまざまな課題が学校に課せられている現在，校長・副校長・教頭などの学校管理職の役割がますます重要になっていること，それではスクールリーダーとしての学校管理職にはどのような「力」が求められているのか，そしてその「力」はどのようにして形成されるのかを，小学校・中学校・教育行政・研究者という異なる立場から見解を示していただき，その問題について認識を深め，大学院における学校管理職養成・研修への充実・発展につなげることを目的とするものであった。

　当日の基調講演者，シンポジウムの報告者，司会は以下のとおりである（敬称略，職位等は報告当時）。

基調講演
　「大学院における学校管理職の養成と研修―兵庫教育大学の事例を中心に」
　　　　　　　　　　加治佐　哲　也（兵庫教育大学教授・大学院教育
　　　　　　　　　　　　　　　　　　学研究科学校指導職専攻責任者）
シンポジウム
　「小学校長の観点から」　寺　崎　千　秋（前練馬区立小学校校長・前全国連合
　　　　　　　　　　　　　　　　　　　　小学校長会会長・現東京学芸大学特
　　　　　　　　　　　　　　　　　　　　任教授）
　「中学校長の観点から」　加々美　　　肇（江東区立深川第八中学校校長）
　「教育行政の観点から」　上　原　一　夫（新宿区教育委員会指導課長）
　「研究者の観点から」　　加治佐　哲　也（兵庫教育大学教授・大学院教育
　　　　　　　　　　　　　　　　　　　　学研究科学校指導職専攻責任者）
　　　　　　　　司　会　白　石　　　裕（早稲田大学教育・総合科学学術院
　　　　　　　　　　　　　　　　　　　　特任教授）
　なお，紙幅の関係で司会者の趣旨説明や会場における質疑応答については省略している。

【基調講演】
「大学院における学校管理職の養成と研修
　　　―兵庫教育大学大学院の事例を中心に」
　　　　　　　　　　　　　　　　　　　　　加治佐　哲　也

　皆さんこんにちは。ご紹介いただきました兵庫教育大学の加治佐哲也と申します。私が最初にお話したい内容は，どうして「こういう学校管理職，スクールリーダーの意図的，計画的養成とか研修が必要になったのか」ということです。これまで，われわれは「スクールリーダー」という言葉を使ってきました。ところがこの「スクールリーダー」という言葉は非常に便利な言葉で，いろんな意味で使われてきたのですが，ここへ来て，この言葉の意味が，われわれが

使っていた意味から変更を余儀なくされていることもありますので，どうしても養成とか現状とかを考える場合，この「スクールリーダー」という言葉の意味を一応はっきりさせておかなくてはいけないということを述べたいと思います。

学校管理職・スクールリーダーが必要とされてきた背景

　最初に，学校管理職，スクールリーダーが必要とされてきた理由を簡単に振り返ります。それから「スクールリーダー」の概念というものを少し吟味したいと思います。その上で，兵庫教育大学の事例を少しご紹介したいと思います。大学院で，こういう学校管理職の養成に特化した，プログラムを明確な形で始めたのはわれわれ，兵庫教育大学が最初だと思っております。2005（平成17）年度からはじめました。そこでいろんな成果もありながら課題もいっぱいあります。そういうことを少しお話させていただきます。

　まず，最初に申し上げたいことは，学校管理職，つまり校長，副校長・教頭という方々の養成というのは，今までは，必ずしも意識的にされてきたわけではないということです。ご承知のように，教職を長くやられた方が，おのずと，「おのずと」と言ったらおかしいかもしれませんが，要するに教職生涯の最後の何年間かを校長先生で過ごされるということですね。教員の高齢化が進んできて，校長としての在職期間も徐々に短くなってきた，そういう歴史があるわけです。ところが，教育行政や財政が分権化して，地方公共団体独自の教育づくり，学校づくりが求められます。さらにはその上で，学校の自主性，自律性の確立ということで，自主的，自律的な学校経営，すなわち，学校そのものが本当の組織体として「学校づくり」をすることが求められてきたわけです。端的にいうと，企業までとは言わないまでも，公的機関とはいえ，それに近いようなことは求められるようになってきたということです。

　同時に，そういう自律的な学校経営というのは閉鎖的な学校経営ではなくて，「開かれた学校」なわけです。すなわち，教育活動が学校の本業でありますが，その教育活動に地域の教育資源をいっぱい取り入れるとか，あるいは学校自ら

も地域づくりに参加していく，教職員が地域に出かけていっていろんな活動をする，そういうことも当然求められます。あるいは学校評議員制度やコミュニティ・スクールの学校運営協議会が制度化されましたが，学校の意思決定を，校長・教職員のみで行うのではなくて，地域や保護者の代表の方々と協働，協力して決定していく，そういうことが学校の経営者，校長・教頭には求められるようになってきたということがあるわけです。いわゆる「開かれた学校」づくりです。

　そして，これは急激な動きだと思いますが，これも皆さんの受け取り方によって違いがあると思いますが，これまではどちらかというと，自律的な学校経営ということで，「特色ある学校づくり」というものが非常に強調されてきました。「魅力ある学校づくり」です。ところが，ここ2，3年，学校の「第三者評価」というものが言われるようになってから特にそうだと思いますが，「品質保証」「学校教育のクオリティ」ということが問題になってきました。これを「確保するんだ」ということがここ最近ものすごく言われるようになりました。文科省も昨年度から第三者評価の研究を本格的に始めている。チームを組んで教育行政の人とか，校長とか，あるいはわれわれのような研究者が，チームを組んで学校訪問して第三者評価をする，そういうことが行われてきているわけです。私も去年も今年も，学校を訪問して第三者評価を行いました。兵庫県では県独自でもやっています。「第三者評価」の研究です。これは「特色ある学校づくり」もさることながら，いわゆる「結果責任」を明らかにするための「品質保証」です。そのため学校の重点事項とかの強みだけを分析するだけでなく，あらゆるところが評価されていくことになります。教育活動から管理運営から，地域との関係づくりから，すべての面が評価されるというのが「第三者評価」であり，それは「品質保証」ということに狙いがあるわけです。これが求められるようになってきています。さらには，これも評価の一環ですが，管理職には，「教職員の資質向上」を，ひいては「学校の教育力の向上」のための，一人ひとりの教職員の評価育成ということが，東京都を先発として，すべての都道府県や政令指定都市では行われるようになってきています。これ

は，校長にとってはものすごい大きな仕事です。これが重要な職務のひとつになってきています。

　こういったことがありますので，管理職というものは，これまでのように長期間教職を経験して，そのままなったのでは難しいことになります。これまで「On the Job Training（OJT）」でいろいろな機会に恵まれたり，あるいは，よい校長先生等々に恵まれたり，あるいはよい教育委員会の方に恵まれて力がついた方も当然おられると思いますが，なかなかそうはならない場合のほうが多い。そうなりますと，管理職にはそれなりの「投資」をして，計画的，組織的に，あるいは集中的に養成することが必要になります。1998（平成10）年に中央教育審議会が「今後の教育行政のあり方について」という答申を出して，このことが本格化していきます。そこでは，分権化と，学校の自主的自律性の確立ということがはっきり言われまして，急激に「校長養成」とか「学校管理職養成」ということを「計画的にやらなければいけない」ということが言われだしました。したがって，2000（平成12）年以降の動きです。現実化したのは，研修の部分はともかくとして，「大学院での養成」ということに限ってみれば，2004，2005（平成16，17）年ぐらいかなということです。現在は，早稲田大学もそうですけれども，筑波大学，その他いろんなところで，大学院での「計画的な養成」というものが試みられているという状況であります。

スクールリーダーの概念
　続きまして，その「スクールリーダー」の必要性や重要性についてお話します。皆さんも「スクールリーダー」という言葉をよく聞かれると思います。では，「スクールリーダー」とは何か。要するに，「学校指導者」「学校のリーダー」のことなのです。「管理職」という言葉を使うと，いわゆる「管理」という「狭い意味」，古い意味での「管理」だけが前面に出て，イメージがいまひとつよろしくない。上から「上意下達」的に，指示・命令するような人の印象ばかりが映りますので，それをちょっとやわらげる意味で，「指導者」とか，「助言者」とか，「支援者」とか，「協働者」とかいったような意味をつけるた

めに「スクールリーダー」という言葉が使われるようになったのだと思います。さらには，いわゆる「管理部門」というよりも，教育課程とか授業方法とかそういった面についても指導できると，そういうイメージも付いているわけです。そういうこともありまして「スクールリーダー」という言葉が盛んに使われるようになってきました。われわれのような学校経営の研究では「スクールリーダー」というと第1の意味として，専ら，校長，副校長・教頭のレベルを指して使ってきました。ところが，2006（平成18）年に出ました，専門職大学院である教職大学院を設置することを提言した中教審答申では，「スクールリーダー」を違う意味で使っています。それはどういうことかと言いますと，第2の意味として，地域において，あるいは学校において，学校づくりの一翼をになうような「中堅層の教員」を主として指しているのです。ですから，学校教育法の改正で新しくできる制度で言うと「主幹」とか，「主幹教諭」とか，あるいは「指導教諭」とか，あるいは従来の「主任」とか，そういった層を指して使っているような感じがします。もちろんそれらの職も「スクールリーダー」に入れていいと思います。さらには，それだけではなくて，第3に，自律的学校経営の中でも「学校を指導する」という役割はきわめて重要ですので，学校を指導する層，つまり，教育委員会の教育長，管理主事，人事主事，指導主事という人々，これも専門職ですが，そういう人々をも含めて指すことがあります。ですから，「スクールリーダー」というのは，一番広い意味でとった場合は，これらの第1，第2，第3の意味のすべてが入ります。われわれは第1の意味だけで使ってきましたが，中教審の答申では，あるいは教職大学院では第2の意味を指しているということです。非常にややこしいです。ですから，校長，教頭を養成するのであれば「学校管理職」という言葉をはっきり使ったほうがいいと思います。後で申し上げますが，われわれも最初「学校管理職とはっきりしよう」と言っていましたが，これは古いイメージとかありますので，なかなか難しいものがありました。ただし，今日のシンポジウムでは，主として第1の意味での「スクールリーダー」，「学校管理職」の養成や研修，あるいはそれに必要な力量，そういうものが主として話し合われるのだということで

す。ただし，先ほど言いました「自律的な学校経営」とか「開かれた学校づくり」とかそういうものをつくっていくためには，これらの3つの意味の「スクールリーダー」すべてに，「専門性」と言いますか力量向上，あるいは意図的，計画的な養成が必要です。校長，教頭だけの意図的養成が求められているのではなくて，これらの3つすべてに意図的，計画的な養成が求められているということです。

兵庫教育大学の取り組み
　そういうことを前提にして，兵庫教育大学の教育プログラムをご紹介したいと思います。2005（平成17）年度から始めました。最初は「スクールリーダーコース」と言っておりました。「学校管理職」という言葉を使おうと思ったのですが，それには学内的にも外からもいろいろ意見がありましたので，「スクールリーダー」で決まりました。日本語の表現は，より職制を強調する意味で，「職」というものを強調する意味で「学校指導職」を考えました。「スクールリーダー」を直訳すると，「学校指導者」ですが，それを「指導職」として，2007（平成19）年度から行っています。来年度には，兵庫教育大学の教職大学院は「教育実践高度化専攻」と言いますが，その中の「学校経営コース」ということで再出発しようと，現在，設置申請中です。「学校指導職専攻」と「学校経営コース」は全く同じです。
　われわれは，どういう人材を学校に求めてプログラムをつくっているのかといいますと，4つに区分した形で表現しています。1番目が「学校の教育・学習活動の改善能力」です。学校のリーダーとして，学校の教育活動を組織的につくる力量が当然ながら必要です。これが一番大事なところです。学習指導や生活指導というものを組織的につくる力量というものです。それだけではありません。教職員の職能改善も図らなければいけないということです。それから2番目はご存知のとおり，自律的な学校には特色ある学校，ミッションやビジョンというものをつくらなければいけない。そしてそれを共有化しなければならない。そういう力量です。これは総合力ですね。哲学もいるかもしれない。

それから，3番目は，合理的な組織運営能力です。従来の管理職に求められた能力というのは，敢えて言ってしまえばこれだけではなかったかと思います。要するに学校という組織を，安全に，効率的に運営する能力です。教育委員会とか文部科学省の基準とか指導のもとで，安全・効率的に運営する能力です。教育法規を知らなければできません。そして，今でもそうですし，従前から最も重要なのは，いわゆる危機管理能力です。自律的な学校経営になったからといって，この能力が重要でなくなったわけではなくて，ますます重要になっていると言った方がいいですね。自律的な学校経営を行えば行うほど，危機に遭遇する場合が多くなるということが言われています。それから4番目は「開かれた学校づくり」です。地域や保護者と連携構築において，こういうことが必要になってきております。

それでは，このような4つの能力の育成のためのカリキュラムはどうなっているかについてお話したいと思います。そのために，まず，兵庫教育大学の教職大学院である「教育実践高度化専攻」について説明しておきます。教育実践高度化専攻は，学校経営コース，授業実践リーダーコース，心の教育実践コース，小学校教員養成特別コースの4つのコースがあり，合計100人の定員になっています。

私は最初，教職大学院というものは，多少語弊があることを恐れずにいいますけど，スペシャリストを養成する，スペシャルな能力を持った教員を養成するのだと思っていました。ところが実際に，文部科学省が言う教職大学院で養成する教員というのは「ジェネラリスト」となる教員ではないかと思います。教員として全般に通じるような優れた能力を持った教員を養成することですね。ただ，兵庫教育大学では，スペシャリストとしての教員を教職大学院で養成することを考えてきましたので，コースをはっきりさせています。ですから，学校経営コースというのは，学校経営のリーダーです，要する「学校管理職」ですね。これに特化しています。それから，授業実践リーダーコース，心の教育実践リーダーコースは，指導教諭とかになっていくリーダーです。学校経営コースは主幹教諭，教頭，副校長，あるいは校長になっていく，そういうコー

スです。それから小学校教員養成コースは，いわゆる即戦力となる新人教員を3年間で養成するコースにしております。

　カリキュラムについては，教職大学院として設置基準の規制を受けますので，3つの科目群を置かなければならないことになっています。まず，「共通基礎科目」です。設置基準では「共通科目」となっている科目です。それから設置基準では「選択科目」と言っていますが，兵庫教育大学は「専門科目」といっている科目群があります。それから「実習科目」です。これらの3つの科目群を置かなければなりません。「共通基礎科目」というのは，学校教育実践高度化専攻の4つのコースにすべて共通します。「専門科目」と「実習科目」はそれぞれのコースごとに設けられています。具体的には，共通基礎科目は，5領域プラスその他の領域から構成されています。5領域は設置基準で決められています。注目していただきたいのは，学校管理職になろうという人々も，これらの科目を履修しなければならないことです。以前のスクールリーダーコースの時には，こういう科目はやりませんでした。これらを学ぶよりもまだ他にやることがあると思っていました。「学校経営コース」は，「教育行政・法制に関する分野」，「学校組織開発に関する分野」，「学校経営実践に関する分野」，「フィールドワーク」という4つの専門科目から構成されています。それから，「実習科目」です。兵庫教育大学では実習科目は「学校経営専門職のインターンシップ」と「教育行政専門職のインターンシップ」の2種類があります。

　次に，「授業方法の特色」についてお話ししたいと思います。2003（平成15）年度から初めておりますので，その時代から授業方法，教育方法にいろんな特色を持たせています。

　第1には，コーホート（cohort）という特徴です。つまり「同僚集団」です。同期入学者が，2年間同じクラスで授業を受けます。共通基礎科目はちょっと違いますけども，専門科目や実習科目はすべて，このグループでクラスをつくります。ですから「同期生」というか，同じ釜の飯を食う同期生ということです。なぜこのようにするかと言いますと，これはアメリカへ行っていろいろ勉強してきて，そこからこうしようと思ったことです。授業は学生参加型と言い

ますか，フィールドワークをしてきて学生が大学院の授業で報告して，それをディスカッションして相互に共有化し，深化していく，こういう授業スタイルがほとんどです。となりますと，偶然的な出会いの集団ではその効果がやはり薄いのです。お互いの背景とか，課題意識とか，そういうものを知った上でお互いの成長や新たな課題を確認しながら行う議論は，深まりが全然違ってきます。優秀な集団であればあるほど，その効果は高いです。

さらに，修了後のネットワーク形成です。修了後にやっぱりネットワークをつくりたい。仕事も大変ですし，あるいは新しい情報も欲しい。そこでお互いの助け合い組織，そういうものを構築しようということでコーホートというものを敷いています。ただ弊害もあります。要求水準が高くなってきます。お互いがわかってくると，相手に求めるものが高くなるのです。だから気の弱い人は負けていきます。劣等感を持ってしまいます。だからそこに非常に気をつけないといけない。あるいは他の人のことをあまり気にするのもよくないです。成長の進度がどうしても違いますから。そういうことはありますが，今のところは，なんとかうまくいっているかなという感じです。こういうコーホートを敷いています。

第2の特色は，「理論と実践の融合」ということです。この言葉は，教職大学院の答申で掲げられていますが，文字通りそれであります。「理論と実践の融合」について，授業の例として，私の授業のシラバスで説明します。「教育行財政の制度と運用」という授業を担当しています。担当者は私が主担当で，アカデミックな研究者としての担当者です。竺沙知章准教授も担当者です。それから教育実践研究協力員というものがありまして，これは教育委員会の方であるとか，学校の校長とか，すべてそういう方です。こういう方が5人，ゲストティーチャーのようなかたちで活躍していただいております。他にも，専任の実務家の先生もおられます。そういうかたちでやっています。シラバスは15回ありまして，1回目はオリエンテーションです。2回目から5回目ぐらいまでは，私が講義をします。講義は，事前に必ず文献を読んでくることを前提にやります。その上で，簡潔な要点の説明をして，質問を受けて，後は議論をし

ます。例えば2回目では，班別ディスカッションということで，「学校の自主性・自律性の確立の改革が進んでいるが，そこでの教育行政の役割はどのように変わるべきか」というテーマで議論するということになります。そして，必ずその反省をさせる，リフレクションをさせるということをしています。あるいは，ディベートをやったりしています。「教育委員会制度を廃止すべきか否か」をテーマに。こういう議論をすると，教育委員会にきつい意見がありますね。6回目からは「教育の実際」ということで，いろいろな方に来ていただきます。8回目は，教育委員会の会議を傍聴に行きます。そして，教育長と懇談をします。9回目，10回目は事例を収集してきてそれを報告します。第2部の教育財政も同じような感じになっています。こういうことで，私どもの講義を通じて，理論というかあるいはアカデミックな知識を提供すると同時に，実践例と言いますか，生のものというのを取り入れて，それらを融合させるということを心掛けています。こういう点が第2の特色ですね。これも教職大学院に当然に求められるものです。

　それから第3の特徴が，学生の参加です。これも教職大学院に求められることです。とにかく，フィールドワークをして，それを必ず報告する。プレゼンテーションをしていただく。プレゼンテーション能力も2年間で格段に上がります。別にパワーポイントを使わなくてもよいのですが，どんな年齢の高い方でも必ずパワーポイントで，簡潔なよい報告ができるようになります。その上で，中身の濃い議論をしていくということをやります。事例を収集してきて報告をするということが主ですね。そして，最終的には修士論文はありませんので，「学校改善プラン」というものをつくります。自分の学校の改善プランをつくっていただきます。それから，「学校経営専門職シャドーイング記録フォーマット（日誌）」というものがあります。学校経営専門職のインターンシップは，現任校に2ヵ月間帰りまして，いわゆる「校長見習い」とかそういうことをやります。その中で1週間，「シャドーイング」というものを義務づけています。つまり，校長の影となって，一日の様子をつきっ切りで記録していく。そこでいろいろ感じたことを記録する。そして，校長に質問をする。そ

の中で，校長の本当の職務，活動の実際を生で知っていただいて，そこからいろいろ自分でリフレクションしていただくということを狙っております。いわゆる「シャドーイング」です。非常に大変ですけれども，院生から話を聞くと非常に意味があるのかなと思っております。

それから，連携・運営体制についてです。兵庫教育大学の連携・運営体制の特徴は2つあります。ひとつは，外部との連携組織をつくっていることです。「教育実践コラボレーションセンター」というものをつくっています。教育長をされていた方とか，校長をされていた方々とか，そういう方を中心に新たに採用して，外部との連携や実習を運用するための専門の組織となっています。これが1点です。2つ目は，FD，いわゆる，教員の教授能力向上のための研修です。これを大学では Faculty Development，FDと呼んでいるわけですが，そのための「授業改善・FD委員会」，ここに力を入れています。大学教員の教授能力の向上に努めているということです。この2つの組織が，特徴かなと思います。私も専攻長として運用するときには，「授業改善・FD委員会」のことに，一番力を入れています。大学教員の意識転換ですね，教授能力の向上は最も求められています。

最後に，成果と課題を少しだけお話させていただきます。成果は，2005（平成17）年度からはじめましたので，少しずつ見えてはきています。まず，修了された方の就職状況ですが，これは，もちろん教育委員会が決めるわけです。実は兵庫教育大学の大学院生というのは「スクールリーダーコース」，「学校指導職」，あるいは今度の「学校経営コース」でも，すでに2005（平成17）年度から，兵庫県教育委員会と鳥取県教育委員会が教員を指名して派遣してきています。指名派遣です。兵庫県は県立学校の教頭の採用試験に受かっている名簿登載者です。こういう方を2年間，送り込んできます。鳥取県も事実上そういう方を送り込んできています。だから，確実に学校管理者になるということは決まっているわけです。

しかしながら，いろいろ問題もあります。すぐに管理職になる方もありますが，なかなかならない方もある。それは教育委員会との関係，教育委員会の考

え，あるいはその院生の現任校の校長さんのお考えもあって，なかなか「すぐに」というわけにもいかないのかなということがあります。われわれは「すぐに」ということを望んでいますが，年齢が若い方もあってなかなか「すぐに」というわけにいかない。つまり，何を言いたいかというと，せっかく大学院にまで派遣して，本人も教育委員会も膨大な投資をしています。それであれば，「即」管理職にすべきだと思うんですよ。ところが，どうもやっぱり，今までの年功と言うか，やっぱり年齢の秩序みたいなのがあります。それがなかなか打破できないというところです。

　しかし，何よりも望み，成果としては，こういうことがあります。「学校改善プラン」というものをつくるわけです。学校改善プランの発表会をするときには，校長とか，教育委員会の方に来ていただきます。そこで発表しますので，現任校の改善とか改革にそのプランが使われるとか，そういうことがよく起こっています。あるいは教育委員会もそういうものを研修の資料として使うとか，そういうことをしていただきます。だから，そういう点で，非常に成果があるのかなということです。そういうことがあって，だんだん存在が認知されつつあるのかなというように思っています。インターンシップについても最初は大変でした。いまでは，だいぶ校長さんの間で，そんなに違和感を持って受けとめられていないのかなという感じもしております。成果はもっと言いたいのですが，これくらいにしておきます。

　課題ですね，課題はもう山ほどあります。何が一番課題かというと，学生が集まらない。集まらないというか，集めるのに非常に苦労するということです。早稲田大学で，こういうシンポジウムが開かれるくらいですから，学校管理職養成について本当はニーズがあるのだと思うんです。ニーズはあるのだけれど，実際それが形になって現れないと感じます。形になって現れる，とはどういうことかというと，われわれにとっては「大学院生が増える」ということです。「現職の管理職になろうとする方が増える」，「大学院にくる方が増える」ということですが，なかなかそれがそう繋がらないということです。いろいろと理由はあると思いますが，やっぱり財政の問題です。莫大なコストがかかります。

2年間昼間に派遣するということは，大変なお金です。何千万円ということになります。そういうことが1点です。だから，今も苦労しています。これを打破するには，先ほど言いましたように，指名派遣ですね。管理職というのは，アメリカでは管理職採用をする場合には学校ごとに公募制ですが，日本はどこの教育委員会も公募制ではありません。管理職はすべて教育委員会が試験をして，採用する方式です。ですから，教育委員会のお墨付きというか，教育委員会がバックアップしない限り，管理職になれないのです。ということは，教育委員会と大学院がしっかりした協定を結んだりして，制度として派遣してもらう。教育委員会の管理職養成の「ルート」と言うか，大学院がその一環として位置づけられる必要があるということです。これを開拓しない限り，大学院の学生は増えないと思っております。ところが道は険しいということです。教育委員会を訪問したら「すばらしい，すばらしい」と言うけれど，大学院生は一向に来ないということですね。

　それから，もうひとつの課題は，常に「いかに授業の改善を図っていくか」ということだと思います。そのためには，大学教員が実務家の方と一緒になってTTを組むとか，そういう意識転換をして，よい授業を不断につくり上げるということが本当に問われてきます。はっきり申し上げると，大学院生のレベルは今のところものすごく高いのです。だからその高さが，我々の意欲を刺激すると同時に，プレッシャーにもなっているわけです。我々も求めますけどね。そういう状況があります。大学の先生はすぐにお分かりになると思いますが，アカデミックな大学教員にとっては，教育業績はほとんど評価されないということがあります。研究業績が一貫して評価されます。早稲田大学もおそらくそうだと思いますが，研究業績がないことにはこの世界では飯を食っていけないんですよ。だから，いくら院生の指導を熱心にやっても，それがそのままストレートに返ってきません。そういう世界であります。だから，大学の教員にとってインセンティブがつきにくい。これはアメリカでも一緒らしいです。そういうことはあります。しかし，いずれにしろやっていかなくてはいけないわけです。幸い，教職大学院で授業の改善のためのFD委員会を設けたことも

ありますし，あるいは，学校指導職・学校経営専攻では，民間の研修・組織マネジメントの世界では有名な方で，産業能率大学におられた浅野良一さんという方にこの4月から専任で来ていただいています。授業がすばらしいですね。研修も素晴らしいですが，大学院での授業もまた素晴らしいです。だから僕らもそこからいろいろ刺激を受けています。本当にここまでやるのかと思うくらいやります。

　まだ，いろいろあるのですが，最後に一言だけ。兵庫教育大学では大学院での養成だけではなくて，兵庫県教育委員会と連携して，すべての新任教頭，新任指導主事の研修を兵庫教育大学で行っています。これも管理職養成の一環だということですね。2004（平成16）年度からはじめております。

　そういうことで，兵庫教育大学の先導的な管理職養成の取り組みとその背景を少しご紹介させていただいたということで，お話を収めさせていただきたいと思います。

【シンポジウム報告】
「小学校長の観点から」

寺崎　千秋

　寺崎です。よろしくお願いいたします。私は退職まで校長を10年経験しまして，小学校で，練馬区で最初の学校で6年，次の学校で4年ということで，計10年校長を経験しました。その前は行政に12年いましたが，行政でも管理職の経験は4年ありました。ここでは，校長としての10年間で経験したことをもとに，短い時間ですがお話させていただきます。

　校長になったときに，一番緊張したのは，何といっても校長室の後に誰もいないということです。行政の管理職をしているときは，上司が必ずいて，何かあったときには，即その場で相談したりすることができたのですが，学校に来て校長室に座った途端に，もう自分がトップであると同時に後には誰もいない。そして，前の校長に言われたのは，前の校長も10年やったのですが，10年間で

とにかくよかったと思うのは，子どもを死なすことがなかった，ということだと。それを聞いたときに，改めて緊張感を持ちました。確かにそうですね，保護者が安心して学校に預けて，もしもその子が白木の箱に入って帰ってくるようなことがあったら，これはもう大変なことです。改めてそこで緊張しました。それから今度，一番最初に，最初の始業式ですね，800人ちかい子どもたちを前にしたときに，この子たちの命を預かっているんだと，感じました。まずそこが原点でした。そういう思いで，10年間，やってきました。10年を終わって，その2校の教員と改めて会って思い出話をしたり，それから保護者にも言われたのは，一番よく言われたのは，校長の笑顔がよかったということを言われました。校長がいつもにこにこしてくれていたから，私たちにとってはよかった，と。しかし，実は，にこにこしていても，顔はにこにこしていても，お腹の中は胃が痛くなる思いで，頭の中は課題のことでいっぱいとかですね。でも，そんなときでもいつも笑顔で，子どもが「校長先生おはようございます」って来るような笑顔で，いつも人に接していられるということが，まず私は学校を支える一番の条件ではないかなぁ，と10年を終わってみて思いました。したがって，その笑顔でいられるということは，それなりに力をしっかりと蓄え高めていなければ多分できないし，何かがあった危機のときにも，まさに決断が求められるわけですから，そういうことを的確にすると同時に，誠実に対応していくということが，そういった結果になるのかなぁと，まず思います。

進行する教育改革への構えの確立
　まず第1番目は，進行する教育改革への構えの確立ということです。ご承知のように，いま教育改革が，さまざまなかたちで進んで，次々と学校現場に降りてきています。そういう意味で，この中身を校長がしっかりと具体的に把握して，これらの求めているものを学校経営に，そして最終的には子どものよりよい教育にどう活かすかという，しっかりした知見を持っていなければならないだろうと思います。簡単に言うと，学校教育法では，今もお話がありましたように，新しい組織・運営体制，これは中教審の審議の中で，鍋蓋型の学校か

ら，組織をきちんとした運営体制でやるんだということが，教育三法が改正されるときに盛んに繰り返し言われました。

　このことは言い換えると，たんにピラミッド型の組織で上意下達ではなくて，それぞれが，それぞれの場でしっかりと責任を持って，そしてその担当者のもとにチームをつくって，その責任を果たしていく。それと同時に，この組織体制は人を育てていく体制でもあるんだろうなあ，と思っています。ですから，校長は，そのトップダウン型とボトムアップ型の両方を，学校の中で調和と両立を図りながら，自己の学校経営に基づいて，それぞれが機能していくように，リーダーシップを図ることが必要だろうと思っています。

　それから，教職員免許法の改正では，教員免許は10年ごとに更新するわけですから，その更新のごとに，教員のキャリアをしっかりと高めていくようにする。また10年の間に，例えば東京で言えば，自己申告というのをやっているわけですから，そして面談をしたり，授業観察・職務観察をしているわけですから，そういうものを通じて教員の力をしっかりとつけていく。教員自身もキャリアプランを立てて10年の中で，自分の力をどう高めていくかというのをやりますから，これにしっかりと校長が関わって，これを支援していくということが，校長に必要だろうと思います。

　教員評価制度では，教師の能力開発・向上あるいは組織の活性化ということが目的ですから，このことに沿うようにしていかないといけない。ともすると，上から評価をするので，教員に言うことを聞かせよう，というような間違った考えでやっているという話も聞かないわけではありません。そういったことの批判を私も聞いたことがありますが，しかし，その目的はそうではなく，資料に書いてあるとおりです。このことがしっかりと機能して，教員のレベルアップにつなげていく。一番望ましいのは，どの教員も，いい成績をあげて，そして給料があがっていくようにしていくのが望ましいわけで，最終的にはやはりそこを目標にして，教師を指導していかないといけない。

　教職大学院については，先ほどお話があったとおりです。やはり心配なのは，大学院に出したい良い教員ほど，校長は学校に残したいと思いますから，それ

を乗り越えて，次なる教員を育てるために，この教員がまた戻ってきたときに，という思いで，そういうチャンスをきちんと本人が活かせるように，それから，学校に帰ってくるように，地域に帰ってくるようにしていかないといけない。

　学力調査に関しては，まさに「こういった結果が出たから，君たち何とかしろ」ということではなくて，校長自身がしっかりと分析をして，これを今後の学校経営にどう活かしていくか，あるいは子どもの教育にどう活かしていくか，というようなリーダーシップを発揮していかないといけない。資料の読売新聞の記事は，どこかの中学校の先生が，調査が終わったときにご自分が全部コピーして採点をして，それを分析してその後の教育に活かしたという話です。4月に調査をやって5月ぐらいに結果が出て，1学期中にその結果を活かしているという話があるんです。やっぱり校長たるものそうあるべきだ，と思います。学校の規模等にもよりますけどね。あまりこんなことを言うと，校長さんにあとで袋叩きに遭うかもしれませんが，でも，できるところからやっぱり校長がリーダーシップを発揮していくことが必要だろうと思います。「やめたからそんなこと言えるんだよ」と言われたら，それまでかもしれませんが，あの記事を読んだときに私はそう思いました。いずれにしても，今申し上げたような，これは一部ではありますが，さまざまな教育改革がいま学校にきております。

　そして，まもなく学習指導要領が，年度内に改訂されるようです。いよいよ本当にすべてが学校の中で，今度は教育課程という大きな体系というなかで，これらを取り込んで，まさにどういう学校をつくるか，どういう子どもを育てるか，という学校長の，あるいは地域と一体になった展望，そして，そのような計画を立ててやることになるのです。逆に，これをやるのは，もう校長しかいないのです。校長がこれをやるんです。ですから，私は全国の校長先生方によく申し上げていたのは，今度の改訂，いつもそうですが，今度の改訂は，特にさまざまな改革がくる中のものであって，そのことをしっかりと把握して，これが子どものためになるようにするには，校長のリーダーシップがなければ，その学校の中ではできないだろう。したがって，改革がうまくいくかどうかは，

校長によるんだ，そのことの認識をしっかりと持って各自学校経営にあたっていただきたい，ということを繰り返し言ってきました。したがって，全国の先生方はおそらくそういう思いでいてくださるだろうと思います。そのことがまず，進行する教育改革への構えの確立ということですね。いま校長に必要なものだろうと思います。

学校こそが改革の場，教師こそが改革の核

　2番目は，「学校こそが改革の場，教師こそが改革の核」です。いま申し上げたとおり，どんなに改革が形付けられて，法律が変わっても，結果的に，学校でそれが具体化されなければ何も変わらないということです。「教育改革も学校の門まで」とかつては言われました。せいぜい校長室までだと。校長室でどうなるかというと，改革だとか，改革案だとか，中教審の答申だとか，学習指導要領だとかが出てきますと，だいたい校長室の戸棚に入って終わっちゃうと。それが授業の場で具体化するまでいかないとダメだと，これまで言われてきました。ですから，やはり改革が，本物であるかどうかは，授業の場が重要になる。いま盛んに言われていることは，習得，活用，探求ですよね。あるいは言葉の重視と体験の充実。こういったものが授業の中で，きちんと実施されなければ，本物にはならないだろう。ですから，今申し上げたようなことをやるように，学校で校長が，リーダーシップを発揮していく。「やれ」と命令するだけでいいのかどうか。何をどうやっていけば，それが具体化できるのか，ということですね。

　そして，実際にそれを行うのは教室ですから，教師こそがその改革の核になるということです。当たり前のことなんですけどね。したがって，先生方一人ひとりが，この改革はもちろん，次なる教育課程の基準が，どういうふうに変わるのかということを，しっかり理解し，なおかつそれが具体化するような教育課程を編成し，そしてその教育課程のもとに，年間指導計画をきちんとつくって，その計画のもとに，1時間1時間の授業を着実に積み上げていくということが必要なんです。そこまで来ないと，教育改革は結果的には，せいぜい

校長室か職員室止まりで終わってしまいます。頭の中で理解していても，授業が変わらないとダメです。そういうことです。昨日までに発表された学力調査の結果も，知識の活用が十分ではない。したがって，今度の学習指導要領の改訂も知識の活用に関わることに重視して，授業時数も増やすと言っています。基礎基本の知識・技能，これをしっかりと身につけるために，小中あわせて，繰り返して，学年を越えてでも繰り返して，大事なところは身につけさせるようなカリキュラムにしていくと言っているわけです。そういったことが具体化する授業を，学校の中で先生がしっかりと積み上げていかないとできない。その先生ができるように，校長の方で学校経営・学校運営をやはりしていかないといけないし，そのときに，学校では具体的にどういう条件を整えればいいのか。学習指導要領の今度の改訂に関わる中教審の審議の中でも，「条件整備」ということが盛んに出てきます。審議の経過報告，草案を読んでいただければわかるのですが，盛んに出てきます。ですから，当然それに関わるものがいずれ予算化されてくるだろうと私は期待しているのですが，財務省がどう言うかわからないので難しいところもあります。しかし，これがないかぎり，この学習指導要領ができあがったとしても，条件整備が十分でなければ，この学習指導要領が実行できないことになると私も盛んに中教審で言っています。そういう意味で，先生方がカリキュラムをしっかり実施できるような，少なくとも校内の条件整備をどう整えるか。予算の配置，予算の配分ですね。それから，さまざまな教材の整備，地域や家庭との連携。こういったものをどういうふうにやっていくかというのは，校長がしっかりと目配りして，それに関わる体制づくりと指導をしていかないといけないだろうと思います。

展望と計画の提示と実現に向けたリーダーシップ

　それから，3番目は，「展望と計画の提示と実現に向けたリーダーシップ」ということです。今申し上げたように，2008（平成20）年3月，次の3月に学習指導要領の改訂がなされ，2008，2009，2010（平成20，21，22）年と移行期間に入ります。そして，2009，2010（平成21，22）年は，移行措置で，内容を

上げるか，下げるかとか，削除するとかがでてきます。今回削除するのはほとんどなく，若干増やすということになっています。そういうことを踏まえて，そして2008（平成20）年からは，改正された学校教育法の施行により，これは管理職について，さっき話があった新しい職などが導入されます。そして，もうひとつ，この12月あたりから，学校評価が義務づけられてきます。施行が半年後ですから，この12月がそのときにあたります。そういったものを踏まえて，これから少なくとも中期的に，5年間ぐらいの展望をしっかりと校長が示して，学校を変えていく，学校を新しくしていく，そういうものの計画を出して，教員に理解をもとめ，あるいは教員からさまざまな提案・意見を出してもらって，学校経営をしていくときだというふうに言っています。全国連合小学校校長会は，『「展望と計画」作成資料─新しい時代を拓く学校経営のために─』という冊子をつくって，全国2万2,000の校長に配布しました。これをしっかり読んで，少なくてもこれから先5年間ぐらいの見通しを立てた学校経営をするようにしてもらいたい。それをしていかないと変わらないんです。そのときの年次計画です，5ヵ年ぐらいの年次計画。学校は，例えば，いま一斉画一型にやっている学校を，もう少し教科担任だとか，少人数学級だとかいう，別のシステムで変えようとしたときに，それをどうやって行っていくのか。5ヵ年計画の1年目には何をするのか，2年目には何をするのか，3年目には何をどういうふうに取り組むのか，そして4年目から5年目には，ほぼそのことがシステム的にはできあがって，内容の充実が図られるようにしていく必要があるのです。数字的に言うと，毎年20％ずつ変えていく。いろいろなものを列挙して，その中で20％ずつやっていくと5年間経つと100％。大きく学校が変わることになります。1年目でいきなり「こうやって変えろ」というと，それは大変なことになる。先生方も，とてもそんなことはできない話になります。1年目にはこれぐらいのこと，2年目にはこれぐらい，そうして徐々に積み上げて，改善型ですね，改善型の積み上げを5年間することによって，大きな改革につなげていくような学校経営をしていこうじゃないかというふうに話をしています。したがって，そういう展望と計画を校長はしっかりと示さないといけない。と同

時に，校長がやるのではなくて，教員の側から，こういうふうな方法でこれから行くことが必要なんだよとか，求められているんだよとか，地域の人や保護者と一緒になって，こんなふうな学校づくりをしていこうというときに，どんなことがこれからの具体的な工夫として考えられるか，こういったものを教員から提案を出してもらう，意見を出してもらう。そしてそれらを皆で話し合って具体化できるものを着実に具体化していく。

　例えば，私は，現行のカリキュラムが変わるときが，最初の学校でちょうどそのときにあたりました。いわゆるモジュール制の朝の15分授業を取り入れて，読み・書き・算を徹底する活動を行いました。「ぐんぐんタイム」というものです。けっこう小学校はやっていると思います。読み・書き・算，漢字・計算の練習，それから短作文，それからシーズンで読書。これを繰り返していくんですね。そうすると，例えば，短作文なんか月1，2回しか書かないですけれど，始めたときの1年生が4，5年生になったときには，朝の15分で，600字ぐらいは国語で習った形式で，端正な字で，きちっとほとんど全部書くことができるようになります。最初のころは，ほんの数行です。「継続は力なり」ですね。やっていくとそうなっていくんですね。この提案も教員からだし，低学年から辞書を持たせて，それを活用する授業をしたいといわれ，やってみよう，とはじめました。それも教員からの提案です。そういうような，さまざまな教員がいろいろこれまで経験したことをもとに，こんなことをうちの学校でやってみたら，きっと何かいい効果が出るんじゃないかというものは，みんな持っているんです，プロですから。そういうものを出し合っていく。まさに複雑系の経営学で言うと，創発性なんです。いろんなものを持っていて，それがひとつの方向に向かってくると，学校の中のモラールがあがってきて，大変いい雰囲気でやっていけます。そして子どもの方も，2，3年すると確実に育ってくるのが具体的に見えてくる。今日は，そのへんのところを具体的にお話しする時間がなくて恐縮なのですけれど，いずれにしても，そういったことを具体化していくリーダーシップを校長が発揮する必要がある。

校長力を高める

　最後に，そのためには校長は常に自らの力を高めていくことが必要であろうと思います。校長には，私は，教育者として，学校経営者として，学校管理者としての，3つの顔があると思っています。どれに偏ってもダメですね。教育者に偏ると，どうしても，いろいろなことが起きたときに，ちょっと教員に対して甘くなってしまう傾向があります。一方で，管理者の顔が強すぎると，びしびし，びしびしやるだけで何か学校の中がギスギスしてきます。あるいは，学校経営者になると，教員から見ると，経営経営と言って，どうも学校長は学校の外に向けてはいい顔しているけれども，自分たちには……，というそんな小言も出てくる。そんなことを実感しています。いずれにしても，バランスよくやっていく必要がある。改革が次から次へ進むと私たちは疲れてしまう，という思いが先生たちにはあります。そういうものではないですね。それは確かにそうなんだけれども，しかし子どものためにみんなで力を合わせるといい学校づくりができるということを，先生たちが実感できるように，やはり校長が，ときに自ら判断をして，ときに自分から率先をして，そういうことを示しながら，先生たちの力を，チームとしてひとつになっていくような学校づくりをしていくことが必要ではないかというふうに思っています。

　『校長力』という本を昨年の秋につくりました。その中で，校長にどんな力が必要かということを分析していくと，さまざまなものが求められて，校長というのは，あるいは管理職というのは本当に大変なんだな，こんなたくさんの力が必要だということがでてきます。しかし，そういう意味では，校長や管理職になったときにそういう力をつけるのではなくて，教員になったときから，やはり着実にキャリアを積んでいくようなことが，私は，必要だろうと思っています。そのことは，やはり教員を若いときから指導して，新採のときから育てていくことも，校長の仕事ではないかなと思っています。

「中学校長の観点から」

　　　　　　　　　　　　　　　　　　　　　　　　　　加々美　肇

　みなさん，こんにちは。江東区立深川第八中学校で校長をしております加々美と言います，よろしくお願いいたします。いろいろな縁で，ここでお話をさせていただく機会をいただきましたので，これまで経験した部分の中でのお話をさせていただこうと思っております，よろしくお願いいたします。

管理職の資質・能力

　私は，昭和45年，1970年に早稲田大学の教育学部に入学をいたしまして，昭和49年に卒業しました。バリケード封鎖があり，ロックアウトがあり，火炎ビンが飛び交うという時代を経験したんですが，何とか4年間で卒業させていただき，免許もいただきました。昭和49年，1974年の4月から，教員として務めているわけです。先ほどの加治佐先生，寺崎先生のお話からすれば，さまざまな経験を教員の間に経験した方がいいわけですが，そういう意味からしますと，江戸川区で採用をされて10年勤め，異動して江東区で務めております。24年目です。ということで，非常に偏った地域しか経験をしていない状態です。生まれは渋谷，育ちも渋谷ですが，下町の学校中心に勤めさせていただきました。このお話を受けたときに，この管理職に求められる力量というのは一体何なのかということを，これまで深くあまり考えたこともなかったので，困ったなと思いつつ，白石先生が本校にお見えになったときに，青い研究雑誌をご提供いただきましたので，これを読まさせていただきました。『大学院における学校管理養成職研修プログラムの実施・運営方策に関する研究—学校管理職養成・研修制度の実施と課題（中間報告）』ということで，今年の3月にまとめられたということです。そのなかで，白石先生が課題設定とされていることが，「自らの責任と創意工夫とにより効果的，効率的な学校運営ができる経営的力量を持った学校管理職を養成」，このことを課題として研究をする，としています。一生懸命読んでみた中で，自分がやってきたことがこういうことだった

んだな、ということで、裏づけられてきたことがいっぱいありました。このチャンスをいただけたことがありがたいなと思ったところです。「学校管理職に要求される資質・能力」とは何かについて、ご提供いただきました報告書では、大きく8つにまとめられていました。ちょっと読上げてみます。①明確な展望や目標を持ち企画力や統率力を発揮する能力、②調整能力に優れ教職員と良好な人間関係を築く能力、③強い責任感を持ち気配りや目配りができる能力、④地域と良好な関係を築く能力、⑤豊かな経験と教育者としての識見を持ち、教職員の指導力を育てていく能力、⑥論理的な判断力を有し、表現力に優れ適切なコミュニケーションを図る能力、⑦教育法規・教育行政に精通し、適切な学校運営を図る能力、⑧学校運営に必要な予算を確保し、設備を整える能力。こんなふうに8つにまとめられています。この8つは、今日の加治佐先生のレポートの中の「学校管理職に求められる力量」ということでの4つの中にちゃんと分類される、うまく分かれる、ということをまた今ここで発見して、この場所に来てよかったな、と思っているところです。そういう意味で、多分こういう力が大事であろう、言葉とするならば、こういう言葉だろうと、後づけながら、この青い報告書を読ませていただきました。

　私が皆さんにご提供できることは何かと言うと、結局は、理論的にどうのこうのということは、まず難しい。今校長として経験していることの中で、いくつかのお話をさせていただければ、そこから類推して、こういうことが必要なのかというふうに考えていただければいいのかな、と。そういう資料を提供させていただこうと思って、この場に出席させていただきました。

日常性と非日常性・危機管理

　まずは、「日常性と非日常性」ということについて話します。私の経験から、ひとつの事例を紹介させていただきます。そこから、学校管理職に必要な資質・能力を帰納的に推測していただくしかないだろうなと思っています。私は、副校長の経験を、当時は「教頭」と呼んでおりましたが、東京都は2年前から「副校長」と呼んでおります。教頭を5年、2校で経験しました。その後、校

長として今10年目をやっております。4校目です。管理職の経験が他の人よりちょっと長く，教員生活38年のうち，管理職を19年やるという，よくわからない人生を背負ってしまったんです。この間，考えていることは，先ほどの，これも加治佐先生のお話にあったように，学校の機能をきちんと継続させていくということが管理職の仕事，職務だろうと思います。もちろん，それは日常的なことをルーティーンのようにきちんとやっていくということは，当然のことながら，さまざまな課題に対応するということもそうですし，当面する教育課題に対して，あるいは先ほど寺崎先生のお話にありましたように，教育課程が新しくなるといったときにそのことに対する対応ということも含めてですが，それが日常的なものの，学校として当然やっていくことだろうと，私は思っています。そうではなく，そういうこととは違ういろいろなことが，出来事があるわけです。非日常的な状況への対応の中に，多分，管理職，あるいは教員，あるいは公務員としての資質や能力が典型的に現われてくるのではないかと思ったので，その例を出させていただきました。

　私自身は，危機管理というのは，こんなふうに考えています。「学校としての機能を停滞または，停止させることが予想される状況」，それへの対応が危機管理だろうと思っています。この間，さまざまなことがありました。たまたま，先ほど，寺崎先生のお話にありましたように，大変悲しい出来事を引き起こすような場面ということは管理職になってからはありませんが，現場の教員としては，生徒が命を落とすというような出来事に遭遇したことがあります。たまたま自分がそのとき管理職ではなかったので，この資料には入れていません。その他，管理職としての15年の中で経験したことでは「服務事故への対応」。教職員が起こした事故ですね。さまざまな事故・事件があります。これへの対応。授業が止まってしまいますからね。「評価・評定へのクレーム対応」は当たり前のように，毎学期のようにあります。それから，もちろん生徒指導について，担任なり，部活動の顧問の先生の指導に対しての保護者のクレーム。こういうことも日常的に起こる，ということです。「周年記念行事の準備」。20周年，30周年，これやはりなかなか大変なことで，地域と一体と

なってやりますので，その準備をしつつということで，やっぱり大変なことなのです。さらには，あまり大きな声では言えませんが，「教職員同士の不適切な交際」ということもありました。それへの対応。あるいは，「教職員の病気」による休暇，休職。さらには，事故，病気による死亡への対応。この辺は，教員に関わる部分です。評価・評定は，子どもに関わることです。「修学旅行中の台風接近による対応」。今日はこの話をさせていただきます。その他，毎年のように，いろいろな，このまま放っておくと授業が止まってしまうな，学校の機能が止まってしまうな，というふうなことは，よくあるわけで，その部分にどう対応するかというのが，大事だと思います。そこにやはり学校の力量だとか，管理職の対応する姿勢，その管理職が持つ総合的な力みたいなものが出てくるのではないかなと思います。そういう意味で紹介をさせていただきます。

事例紹介「修学旅行中の台風接近への対応」

　次に，お配りしてあります資料の最後の時系列になっているのをご覧ください。1998（平成10）年のことです。9月20日から23日に，近畿地方に台風が接近しました。近畿地方に上陸した日が，私が校長になって初めての年の修学旅行で関西地方，京都・奈良方面に行った2泊3日の最後の日にあたったのです。そこに書いてあるとおりのことを，ざっと眺めてみますと，一番左側に時刻が書いてあって，予定と書いてあります。この日は行動の予定は，班ごとにタクシーを利用して，タクシーごとに見学地を見学し，タクシーごとに京都駅に集合し，そこで昼食をとり，2時5分だったと思いますが，2時頃の京都駅発の新幹線，団体列車に乗って，東京駅に夜7時に到着予定，7時半東京駅解散という予定だったのです。

　その欄の次の左から2番目の時間と生徒がその行動です。この日，台風が朝から来ました。急速に，速度が速まって近づいたんですね。意思決定という欄がありますが，ここではもうタクシーの解約もできないし，当時，6クラスという大集団で生徒が240名近くいましたので，その集団を動かす，あるいは入

れるような器の見学地もなかったので，分散させた方が身動きが取れるだろう，という判断のもとですね，台風情報はもちろんつかんでいましたが，交通業者さんと相談の結果，運転手さんがベテランなので，その運転手さんの危険だという部分ではその判断に任せましょう，ということで，われわれももちろん判断するわけですけれども，最終的には運転手さんの判断でということになりました。結果的に午前11時くらいに，子どもたちが京都駅に集まり始めました。なぜかと言うと，朝9時のニュースの段階で，京都市内の小学校，中学校，高等学校が全部休校になっていたのです。各見学地のお寺さん，神社，そのほかいろいろな体験予定の場所が，台風が近づいているということで，次々に拝観停止になりました。だから，子どもたちは，タクシーで乗りつけても，もう見ることができない。次々に戻ってくる，これじゃ仕方がないから，烏丸口の地下街に行ってお土産でも見ようよ，ということで早め早めに集まり始めました。われわれ教員の方も分散していますので，お互いに携帯電話で連絡を取り合って，烏丸口に10時半までに集合して，そこで対応・協議ということにして，そこで学年会をやったわけです。11時半の段階で，生徒のほとんどが集合しました。予定よりも早く，昼食をとって，そこで事情を説明し，地下街で待機をしつつ，午後2時15分ホームに移動。3時に団体列車が入ってきました，新幹線が動いて入ってきました。暴風雨で，ホームにいても土砂降りの状態です。駅の構内放送では，すでに新幹線は運休で回復の見込みありません，という放送が流れていました。JRの計らいで，ホームで待っているよりも，新幹線の中に乗った方が，待ちやすいだろうということで，このとき修学旅行列車の約10校は，新幹線の中に入りました。そのあと，ずっと待機した状態でしたが，午後6時5分に京都を出発することができました。もともと，おやつとして買っていたサンドイッチとジュースは食べない，と確認し合いました。新幹線が動き始めてから食べていいよと。これなら何とかなるだろう，と考えていました。夜の10時20分に東京駅に着き，学校に着いたのが10時45分。夜中の11時に解散，という，こういう行動を取りました。

　その時に，教師たちが何をし，私は何を決め，学校には何を連絡し，という

第4章 学校を支え，動かす学校管理職の力とは何か

ことを書いたのが右側です。結局，ここで，どのように行動するかの決定と，それから，途中午後2時のところに飲み物購入というのがあります。それから5時ちょっと前，4時45分にバス手配。ここの部分が私の決定です。あとは，だいたい学年会で，こうしましょう，ああしましょう，ということで決めました。結局は，予定通り行くしかないんですね。他の動きはなかったわけですから。宿舎に帰ることもできなかったので。飲み物購入というのは，事前にサンドイッチとジュースは買っていましたが，それ以外にジュースを買うか，買わないかです。お金をどこから出すかという問題もありましたが，今後どうなるかわからないし，サンドイッチをこのあとすぐ食べてしまうと，いつ新幹線が動くかわからない，明日の朝になるかもしれない，そのときに飲み物があった方がいいだろう，ということで飲み物購入を私の一存で決めました。先生方にどうしますと聞いても悩むだけですので，買うことにしました。それから，バスの手配，午後4時45分。これ何かというと，東京駅から学校までのバスの手配なんです。要するに，新幹線が何時に東京駅に着くかわからない。当時，第四砂町中学校という学校に勤めていましたが，東京駅から一番近い駅がJR亀戸駅なんです。台風の状況ですから，交通手段はいろいろある。30分に1本とか，1時間に1本とかいう形で，深夜でも電車が動いている状態ではあったのですが，それに乗せるわけにはいかないだろう，ということで，バスをチャーターするかどうかなのです。バス1台8万円が6台。そのお金をどうするか，という問題もあるのです。午後4時45分になぜ決定しないといけないかというと，この時間を逃してしまうと，東京にいるバス会社の乗務員，運転手さんたちがみんなもう帰ってしまう，退勤してしまうのです。そこで，待機してもらわないといけないわけです。待機してもらうためには，契約をしないといけない。そのタイムリミットが4時45分だったのです。これも先生方にどうしますかと相談しました。新幹線がいつ動くかわからないし，何時到着かわからない。バスをチャーターしますか？　明日着けば，明日の朝帰ればいいのですが，といろいろなことを言いながら。困りましたね。お金をどうしましょう，いろいろ相談しましたが，決まらない。仕方がないから，私が決める。手配しましょ

う，どうなるかわからない，お金はあとからなんとかしましょう，教育委員会に掛け合いましょうとかね，PTAに出してもらいましょう，いろいろなことを考えましたが，バスを手配しました。もうこれは空振りになっても仕方がないと思いました。結果的には，バスを使うことになったのです。そんなことで，大変夜遅く学校に着きましたが，けが人もなく，病人も出さずに解散することができました。

「説明指示内容」の中の「携帯電話の扱い」というところがあるのを見てください。午後6時5分。本当は持ってきちゃいけないよと言っていた携帯電話ですが，子どもですから持ってきて，カバンの中に入れているのですよ。このとき新幹線の中で，各担任は，持っていても今回怒るのをやめよう。何が起こるかわからない状況の中では，このことで怒ってしまっては，子どもたちとの信頼関係をなくすから，というような相談をした上で，正直に言いなさい，携帯電話を持っている者は出しなさい，と。すぐ出てきました。もう極限状態になっていましたので。そこで，勝手に家庭に連絡しないようにと言いました。そう言っておかないと，いろいろなことが家庭に連絡されますからね。教員集団としては，情報は学校から流す，あるいは，学校に問い合わせたら正確なことがわかるという形にしておきたかったのです。だから，君たち絶対にダメだよ。新幹線が動き始めて，おやつを食べたあと，だからこの時刻で言うと，午後6時半ぐらいです。その時点で今の状況を各家庭に電話していいよ。それから，お友だちに貸してあげて，それぞれ電話していいよ，というふうに指示を子どもたちには出しました。それ以前に，私たちは学校に連絡しました。6時5分に動き始めたが，JRの情報では，東京駅到着は午後10時以降になりそうだということでした。各家庭にそこまでは連絡してくれ，問い合わせについてもそう答えてくれというふうに連絡しました。その連絡を学校にして，学校が連絡対応，要するに，さまざまな問い合わせに対して対応ができるっていうことを見計らった午後6時半以降に，君たち電話していいよという方法をとったのです。このことで，結果的には学校への問い合わせが非常に少なくなった。要するに，子どもたちが自分たちは元気だよ，ということを電話で連絡し始

たので，学校への問い合わせが減ったわけです。その意味では，このときの携帯電話は非常によかったと思っています。校長になって1年目の年で9月の出来事だったんですが，ある意味，どうするのか，ということを時間ごとに突きつけられたと思っています。

この間（管理職15年）で学んだことのいくつか
　この間，学んだことは，いつだって調和していない，不協和音は起きている。そのズレがある。そのズレを補正するということです。また別のズレが聞こえてくる。不協和音が聞こえてくる。この繰り返しだと思っています。うまくいっていると思っているときはあぶない。あぶないと思っているときは，それなりに注意が働いているから，そこはいいだろうと思っています。

まとめにかえて
　先ほど言った8つのような力量というのは，それらを持っていることが管理職としての条件なのかどうかというのは，私にはわからない。初めからそのような能力を持っているかどうかを，どう見きわめたらいいのかが，まずわからない。たぶん，私が今思っているのは，そういうことは大事なんですよ，ということを意識しながら，管理職としての仕事をしていくことがとっても大事なのかなと，そのように思っています。

「教育行政の観点から」

　　　　　　　　　　　　　　　　　　　　　　　　　　　上原　一夫

　新宿区教育委員会の上原と申します。東京都には23区，26市，そして東京都教育委員会もありますので，各教育委員会でさまざまな対応が違います。本日のお話は，そういう中で，ひとつの教育委員会ではこういうことを思っている，ということをお話したいと思います。私は，教育指導課長という立場ですが，各区市では，教育委員会指導室の指導室長などさまざまな呼び方で呼ばれてい

るケースが多いかもしれません。新任教員の任用とか，いわゆる教員の服務，あるいは研修，異動，そして学校教育に対する指導・助言を行うというところであります。

　先ほどの冒頭の加治佐先生のお話のなかで，教育委員会と連携したというようなお話をいただきました。教育委員会もぜひ連携して，よい教員を送りたいのですが，例えば新宿区に約800名の教員がおりまして，その教員の平均年齢は，40歳強であります。しかし，50代の先生方と，20代，それから30代前半の先生方がとても多いのです。各校長先生方と異動ヒアリングをしておりますが，校長先生は30代半ばから40代前半の先生を頼むと言われます。頼むといわれましても，そういう先生はどこにいるんだ，という話になります。まさに，教職大学院に送るべき対象である年齢層の教員が，学校でも非常に少ないというのが実態であります。どうしたらいいんでしょうか。あと数年たてば，その若い20代から30代前半の人たちが，年齢が上がってきて行ってくれるのではないかという思いを持っています。ぜひそうなってくれると指導課にとってもありがたいと思っております。

　さて私が常々思っていることでございますが，学校管理職と教育行政，一番大切なのは，信頼関係ではないかと思っております。校長先生方は，本当に一生懸命，まさに自律性，そしてあるいは実践に基づいた学校運営に取り組んでくださっております。その信頼なくして，校長先生方から力を発揮してもらおうということは無理なのではないでしょうか。もちろん私どもなりに，さまざまな施策を立てますが，立てるにあたっては，決定してからこうしてくださいと言う前に，これは各区市でも同じだと思いますが，まずはその年度の校長会長の先生のところにおうかがいします。そして次に，幹事校長会。今こういうことをやろうと思っているのですが，どうでしょうか。そして，全校長会に行ってお話をする。まさに校長会に対して尊重する姿勢と，校長会に礼を尽くす気持ち，それがなければ，やっぱり力を発揮していただくことはできないと思っております。合わせて，どうしても抜け落ちてしまうのは，副校長会でありまして，副校長先生方は，各学校の中では，まさに実態として扇の要だと

思っております。しかし，どうしても校長先生の陰の存在となってしまって見えない。もちろん，陰でなければならない部分もあるわけなんですよね。そういうような大変，場合によってはお辛い，それでも頑張っていらっしゃるというそんな方々であるわけであります。そんなときに，そこまでわかっていて，そしてなおかつ副校長先生にがんばって，とその発信ができるかどうか。私がそれだけの力があるかどうかわかりませんが，一応，各学校を訪問したおりには，校長先生とお話するとともに，校長先生のご了解のもとで，副校長先生と必ず面談させていただくことにしております。そして，先般，教育長から，どうしてもということで，副校長会の方々との懇談会を昼間に開きました。どうかわかりませんけれども，そんな状態で事務局の人は見てくれている，そんな気持ちを意気に感じていただけたらいいなと思っております。

　そんなことで，まず，大前提のお話をさせていただいて，お話したいのは，配布資料の2番と3番であります。2番は，まさに今，新宿区教育委員会が，どんなことを考えているか。3番目は，まさに加々美校長先生がおっしゃってくださった現状であります。そして，そんな中で，申し上げたい学校管理職に期待する能力は4番でございます。そして，その中で，どんなことでその力をつけていただいたらいいのか。たくさんあるのですが，これだけは無くせないという2つだけあげました。

今後の新宿区立学校像

　まずは，2番でございますが，今後10年先，20年先を見据えまして，まさに今，私どもは，基本構想，総合計画を策定したところでございます。そして，来年度から4年間の第一次実行計画素案というものをつくりまして，ちょうど9月にパブリックコメントにかけまして，そして今，そのコメントの内容を私どもなりにもう1回検討して，案を再構成しているところであります。年明けには，区民の方々にそれをお示しできると思っております。たくさん施策はありますが，その中でひとつだけ，ぜひ10年後には全校にお願いしようと思っているものを申し上げるならば，「地域との協働連携による学校の運営」です。

新宿版地域協働学校などと呼んでおります。皆さまがご存知の言葉を使うならば，いわゆる「コミュニティスクール」ということになるでしょうか。ただし，あえて私どもは，国が使っているコミュニティスクールとは言わずに，新宿版地域協働学校と考えております。これを語りだすと，本当に1時間かかりますので，これまた削ぎ落として，これにあたって校長先生方にぜひお願いしたいというものを，3つだけお話するならば，1つは「地域に信頼される学校経営方針の策定」です。寺崎先生のお話にもありましたけれど，「地域に信頼される」これがキーワードですよね。そのような学校経営方針の策定，あとは実施，評価，改善，そして説明責任。2つ目が「人的資源の活用」。3つ目が「計画的な予算編成と効果的な執行」であります。まず第1に，どうして「地域に信頼される」を強調したかと申しますと，もちろん，校長先生方はしっかりとした学校経営方針を立ててくださっております。ただし，区民は何を感じるのか。例えば，小学校に上がって，子どもが6年間，その学校に通うのですね。しかし，通例は，小学校の校長先生方は，中学校でも同じですが，5年前後で異動されるわけであります。6年以上おられるケースは少ないわけです。お子さんが入学してから，ずうっと1人の校長先生で，その校長先生の経営方針のもとで，特色ある学校づくりのもとで，過ごせるということは少ないのです。もちろん，教育には絶対というものはないわけですから，さまざまな方向を向いていただいて大いにけっこうです。ただし，いまは学校選択制も進んでいます。保護者もお子さんも学校に行って，「この学校いいね，こんな特色ある学校いいね，行ってみたい」と思うんです。しかし，ふたを開けてみたら，1年たったら，校長先生が変わっちゃった。次の校長先生はまったく違った方向に進んでいる，と。仮にそれが，適切な教育であったとしても，なかなか保護者としてはそこが理解できないところなのです。だけれども，そういうことをやってはいけないということではないのです。だからこそ，先ほど申し上げた中の，説明責任であるわけであります。やはり，変えていく場合には，十分な説明責任のもとでの周知をお願いしたいし，そして，変わる場合には，ぜひ前の特色ある学校，前の学校経営方針よりも，より発展的な，より優れたものを考えて

いただかなければならないということだろうと思います。

　2つ目は，人的資源です。これにつきましては，人事権は，校長先生には残念ながらまだないわけであります。しかし，おそらく私どもが，学校に通っていた頃と，そこまでいかなくても10年前と比べても，学校の中には，飛躍的に，教員あるいは教員以外の方も含めた人材がたくさんいらっしゃいます。本区の場合でも，区費講師を81名つけています。区内には，小中学校40校ですから，単純計算で1校2名，少なくても1校1名は配置をしています。区費講師については，枠組みとして校長先生方にお話をしているのは，やってはいけない，やらせてはいけないことは，ひとつだけであると。それは担任であると。講師ですから，区費講師ですから，担任をさせてはいけません。それで学級編成の基準を変えることはできません。ただし，あとは何に使われても結構です，という話をしているわけであります。そして区費講師，多い場合には，ひとつの学校に3人という形でつけております。また，それ以外でも，早稲田大学の学生さんをはじめ，いろいろな大学の学生さんが教育ボランティア，学生ボランティアとして，各校に毎日たくさん入ってくださっています。また，それだけではありません。図書館ボランティアと称して，PTAの方や地域の方がこれまたたくさん入ってくださっております。社会教育委員の方を，私どもは「スクールコーディネーター」という形で指名をして，本当に微々たる謝金ですが，謝金を提供する形で，1週間に1日は，職員室に行っていただくようにしています。職員室だけではなく，学校に行っていただくような形にもしております。また，スクールカウンセラー，ALTの方もたくさんいらっしゃいます。さて，それだけいろいろな方が学校にいらっしゃって，おそらく皆さん方も学校に行っていただくと，この人は教員なのか，地域の方なのか，誰なのか，本当にわからない方がたくさんいらっしゃるのですよ。果たして，それだけの方を，校長先生方がどうやって使いこなしてくださっているのか。使いこなしていただいているかどうか。これはとても重要なことですよね。まさに，これらの方々を本当に組織立てて，使いこなしていただきたい。本当に強い願いです。

　3点目にいきます。予算編成そして効果的な執行です。いまは当然なことに

なっていますが，以前から令達予算という形で，学校には予算が割り振られていて，そして，校長先生の学校経営のもとで，予算が使われているわけですが，それ以外にも，例えば本区の中でも，「特色ある学校づくり予算」というものを提供しています。これは，各区市でも提供しています。平均して小中学校の場合，年間100万円です。平均ということは，少ない学校は60万円，多いところは180万円から200万円となっています。場合によっては，もっと多かったところがあるかもしれません。それは，本校としてこういう特色ある学校づくり予算として使いたいんだという申請をして，それが通ったときに提供をする。1年間たったときに，使いこなしてあれば，もちろん，翌年度もそれを提供する。使いこなしてなければ，それを使った分だけ提供して，あとは戻していただくことになります。おそらくこういう「特色ある学校づくり予算」というものは，ますます増えていくと思われます。さて，これをどのように使いこなしていただけるか。このようなことも，校長先生にお願いすることになるのだと思います。

現在の区立学校の実態

　続きまして，3番目，区立学校の実態であります。先ほど，生々しいお話が出ました。どれについてお話しようかと思っておりますが，やはり興味あるところは，「新宿区立学校における報告，事件，事故，苦情等の件数及び内容（2007（平成19）年4月〜9月）」かなと思います。今年度の4月から9月までのデータ，私のデスクのノートパソコンの中に入っているものであります。ということは，中には，校長先生のご判断の中で，ぐっと堪えて報告なさっていないというのも多々あると思いますので，場合によれば，この倍，数倍あると思います。本区の場合は，この半年間で138件，私は登録をしました。報告が44件，事件32件，事故30件，苦情28件，その他も入れて，合計138件だったのです。少し，事件をみていきましょうか。事件には，校内における事件，あるいは児童生徒による対外的な事件，不審者情報などがあります。事故についてお話すると，事故は，校内における怪我，交通事故，いろいろあります。校内に

おける事故，これも本当に朝から下校時まで全部あります。例えば，これは幼稚園だったのですが，登園中，お母さんが自転車で転倒し，お子さんが右膝下を骨折しました。それから事故は，体育が多いですね，体育の授業中，倒立で骨折。跳び箱をしていて顔面から落ちて前歯欠損。組み体操で骨折等ですね。休み時間中のものとしては，雲梯から落ちて左腕骨折。清掃時間中，ほうきを振り回して，友だちの右眉上部裂傷。給食時間中に，カレーうどんをこぼして火傷。放課後，遊んでいた者同士がぶつかって，目の怪我。このときに，先ほどの加賀美先生のお話にありましたように，校長先生が迫られるのは，保健室で済ませるのか，病院に連れていくのかということです。病院には，タクシーを呼ぶのか，救急車を呼ぶのか。これも決断ですよね。誰が付き添うのか，保護者にすぐ連絡するのか，いつするのか，どこの病院にするのか。これを一歩間違うと，あとでトラブルになってきます。苦情をみますと，これは，本当にいろいろございます。教員に対する苦情が，一番多くございます。強い指導に対する苦情。指導力のない弱い指導に対する指導力不足の苦情。感情的な指導に対する苦情。部活の指導については，指導しすぎによる苦情，しなさすぎによる苦情。教師の言葉遣いによる苦情。いじめの対応のまずさ。評価・評定のつけ方。学校だより，学年だよりの内容に対する苦情。文章は丁寧に書けないといけないということですね。運動会におけるシートの場所取りに対する苦情。これも大変です。あとPTA活動に対する苦情。たくさんあります。まさにこれら一つひとつに対して，初期対応，真摯な対応が必要だろうと思います。つくづく思うのは，以前だと，まずは担任が対応し，学年主任が対応し，そして副校長，校長となってきました。しかし，最近の傾向としては，そんな順番を言っている場合ではないと。即，校長が対応という形でなければおさまらない，というようなケースが多くなってきているような気がいたします。ということで，本当に，校長先生が組織を動かすと，私どもも言っているんです。すべてのケースに，場合によってはいつでも出るぞ，と。そうでなければ対応しきれないというのが実態だろうと思います。

学校管理職に期待される能力

　さて，こういうことばかり話をしていると，時間が過ぎますので，先ほど申し上げたように，このようなことを勘案していくと，多分，先の校長先生お二方のお話でもあるように，4番のような期待する能力というものになってくるという気がいたします。この4番としてあげている5つの「学校の組織マネジメント能力」，「適切で素早い決断力，統率力」，「忍耐力，精神的強さ」，「児童・生徒，教職員，保護者，地域，行政等とのコミュニケーション能力」，「人材育成力」ということについて優先順位があるかと言うと，私はないと思うのです。まさに，学校によって，地域によって，そのときの実態によって，優先順位，本当に求められるものが全部変わってきているという気がします。ということで，ますます校長先生方，また副校長先生方は大変だな，という気がするわけであります。

期待される能力を学校管理職が身につける方策

　最後に，それでは，そのような期待される能力を，学校管理職に身につけていただくために，どうしたらいいかということです。やはりひとつは，OJTしかないのではないか。加々美校長先生もお話くださっていたわけですが，できるならば，小さいことから，少しずつ積み重ねていただければ一番いいのですが，なかなかそういうふうにはいかないですね。これしかないのかなぁと思います。

　ただ，もうひとつは，本区の校長先生方がされていて，私も本当によいと思うことがひとつあります。それを最後にご紹介しようと思います。それは自主研修であります。実は私どもの方では，副校長会，そして主任・主幹研修会までについては，私どもが研修を企画して，テーマを与えて研修をしていただいております。校長会につきましては，もうそういうレベルではないと思っていて，年間2回だけの命令研修しかやっておりません。これは，校長会と相談をして，講演会を行っております。ただし，4年前から，校長先生方で自主的に集まられて，テーマを決めた研修をされていらっしゃいます。そのテーマとい

うものが，まさに喫緊の課題となっているもの。昨年度の研究収録を見ると，どのようなテーマがあるかというと，例えば「学力向上諸施策の成果と分析および検証」というのがあります。例えば，私どもの新宿区では，昨年度から夏休みを短縮して，少しでも学力の向上のために尽くそうとしています。また，授業改善推進プランをつくっていくとか，さまざまな施策を行ったわけですが，そのような施策の成果および分析，検証をされている。あるいは，英語活動推進上の課題，食育のあり方について，あるいは，学校選択制度における小学校の減少と課題など。まさに，私どもがやっているような施策について，テーマをそれぞれブロックごとに定められて，自主研修をされる。そして，年度の終わりに，教育長，次長や私ども課長を呼んでくださいまして，研究発表をされるわけです。そして，最後は提言という形で持っていかれるわけです。もちろん，それに対して，私どももお答えするわけでありまして，ありがとうございますという場合もあれば，そうはおっしゃるけどそうはいかないという場合も多いのですが，しかし，そういうような課題を持った研修をされるということが，やはり私はすごく効果があるのではないか，と感じているところでございます。

「研究者の観点から」

加治佐　哲也

私は，最初にたくさん話しましたので，ここでは少しだけお話させていただきます。私からは，2つだけです。ひとつは，私は校長に求められる，管理職に求められる力を「学校の教育・学習活動の改善能力」「学校のビジョン・目標の創造と共有化の能力」「合理的組織運営能力」「保護者・地域社会との連携構築能力」の4つの力として提示していますが，3人の先生方も，違う表現ですが，力量をそれを表明されたわけです。それをどう考えるかということです。2つ目は，今後の学校管理職養成の展望についての私の考えを述べさせてください。

まず，1点目ですが，管理職に必要な力ということですから，先生方3人のそれぞれおっしゃったことはその通りですし，自分で言うのもおかしいかもしれませんが，だいたい私が出した4つの内容は，そこに包摂されているのではないかと思います。本当に改めて今日感じましたのは，こういう表現をしていかなければ，いけないんだということです。つまり，われわれは従来は，力量の提示の仕方というものを一番悪いパターンとして，いわゆる研究用で出しているのです。わかりやすく言うと，難しい言葉でいっぱいです。つまり，ほとんど現実には生きないということです。私のは，それに似ているかもしれません。例えば，「教育的リーダーシップ」という言葉を使ってみたりして，抽象用語でいくつかに整理するということです。これは，研究として管理職に求められる能力を整理していくという意味では，意味があると思うのです。抽象化・概念化は必要ですから。しかし，今日お話をうかがってつくづく思ったのは，結局，目的に応じて，力量の表現の仕方を変えていかなければいけないのだということです。すなわち，私が出した4つというのは，自分の大学院のカリキュラムをつくるためのものです。あの4つに合わせてカリキュラムをつくっているのです。それに都合がよかったということで，あのような整理をしました。ところが，いま最後に上原先生もおっしゃったように，管理職の力を身につけるのは，むしろ大学院とか教育委員会の主催する研修も大事ですけども，それ以上に，OJTだとか，あるいは自主研修だとか，そういうことになるわけです。そうしたら自主研修とか，OJTをされる際に，やっぱり目的を意識したいですね。漠然とやるだけではなくて，ちょっと意図的に，これは，こういうOJT，こういう仕事している，こういう力につながるのではないか，そういうことにつなげてみたいですよね。例えば，こうすると決断力にちょっとつながるんではないかとか，これは，苦労していて，まったく意味のない仕事をしているけれど，これはひょっとすると忍耐力につながるのではないかとか。そういうふうな意識させられるような力量提示の仕方といいますか，そういう意味では，寺崎先生や上原先生のお話をうかがって，なるほどと思うのです。だから，そこはうまく整理して出していくことが，ますます求められる。

力量がいくら綺麗な言葉で抽象的な言葉で表現されても，力量形成には役に立たないということを改めて痛感したということです。こういうことを，研究者がやるべきなのか，実際，校長先生を経験された方が言った方がむしろ説得力があるのか。おそらく，現場の方々ほど，校長経験者の方が，実感，経験に基づいて，いろいろ提示される方が，よほど意味があると思われます。ただ，これははっきり言いたいのですが，それだけじゃ計画養成はできないです。そのレベルという言い方は失礼ですが，そのレベルを抽象化した，さっき言ったアカデミックなまとめ方。私がやったような，あるいは白石先生がやられたところまで行かないと計画はつくれない，カリキュラムはつくれないということがあります。だから，OJTと自主研修で即，そこから自分がやっていることが，こういう力につながるという示し方，これと，やはりひとつのプログラムなり，カリキュラムをつくるための目的，力量の示し方，この2つが分かれるのかなという感じがしました。これが1点目ですね。

　それから，2つ目が，今後のことです。私の資料の最後のところで，今後，管理職養成がどうなっていくのかということを書いています。実は，最初にお話ししましたように，こういうことが始まったのは，日本ではほんのまだ数年です。これからのことなのです。これからうまく行くかどうかすら，わからない。そういう中で何が求められているかと言いますと，まず1点目は，すでに東京都はじめ，こういう試みはおそらくあると思いますが，こういうスクールリーダーというか，あるいは学校管理職とはっきり言いましょう，学校管理職になる人を，いま中堅層の40代がいないということですけど，ある程度の時期から，さばいていくことです。別の言い方をすると，教職のキャリアの中で分化ということを意識的に果たしていく。つまり誰も彼もが，最後は管理職になるんだ，特に小学校はなりやすいですから，管理職になるんだということではなくて，やっぱり自分の適性なり，志向なりということを，自分があるいは管理職が，教育委員会が判断して，例えば10年研修を終えた後とか，そういう中で，教育のエキスパート，指導教員になっていくのか，あるいは，得意分野を持った教員になっていくのか，それとも，マネジメントの方に行くのか，教育

委員会の方に行くのかなど，そういった分化を意識して，若いうちから，管理職に行く人，マネジメントに行く人は，それなりの扱いとか，トレーニングをしていく必要があるということです。おそらく，そういうことを，何となく暗黙のうちになされてきた教育委員会もあるだろうと思います。そういうことをよりはっきりさせるべきだろうと思います。そのためには，どちらの方向に行っても，優れた方にはそれなりの待遇をすることが非常に重要です。それから，今後のことの2つ目は，管理職養成になると，必ず，資格とか免許の問題になるのです。校長免許とかがアメリカにはありますよ，と。こういうことが必要なのか，あるいはできるのかということですね。私は必要だと思います。必要性についてはもう言いません。では，できるのかというと，難しいですね。この規制緩和の中で，校長に特定の免許を与えると，免許はいろんな方面からの人材を排除する機能を持ちますので，そういうことが可能かというと，ちょっと難しいのではないか。また，免許云々については，免許を取るための資質・力量のレベル，そのためのカリキュラム，いまやっと始まったばかりですから，成熟化していないということもありますので，当面は難しいかなと思います。ただ，いずれは望ましいのではないかというふうに思っております。これは大学院としても，ビジネスになります。それから今後のことの3つ目は，管理職の意図的計画です。OJTとか自主研修ではなく，計画的組織的な管理職の養成は，どこで行うべきかということですね。今出ているのは，大学院。今日のテーマでもあります。それから教育委員会も，管理職になる前の方の研修に力を入れています。筑波では，もう以前から中央研修というのがあるわけです。そういう研修なのか，大学院なのかということですが，大学院で，例えば，校長免許をつくって，全員をほぼ受け入れて，それで大学院を出て免許持った人が校長になる，そういうのは夢物語です，できません。コストもものすごくかかる。だから，私は大学院で養成される方というのは，今は現実的ではないかもしれないけど，いわゆるメンター校長，指導校長ですね。その方にそれなりのコストをかけることになります。そういう方が大学院を出たら，やっぱりそれなりに校長の指導者になる。そういう方としての位置づけをして

いくというふうに思います。それでは，一般の方々の底上げが問題になってくると思いますが，これは，やはり研修ですね。しっかりした計画的な研修を，早いうちから受けてもらって。例えば，われわれは兵庫県と連携して，新任教頭研修を10日間やっています。これで十分だとは思いませんが，それでも以前に比べればはるかに多いです。10日間，朝から晩までやっています。底上げというか，全体の力をつけるには，研修を充実することでまかなっていくしかないというふうに思っております。

司会者のまとめ

白石　裕

　基調講演とシンポジウムの報告で示された論点を「学校を支え，動かす学校管理職の力とは何か」というテーマに沿って要約すると，以下のようになるであろう。

　まず言うところの学校管理職とは何を指すのかということである。通常，学校管理職とは校長，副校長，教頭レベルの職制を指すものと理解されており，われわれの調査研究においてもそうした理解を前提に進めているが，スクールリーダーという言葉の出現により学校管理職という言葉の意味や境界が曖昧になっているのは事実である。基調講演の加治佐氏によればスクールリーダーという言葉には伝統的な意味での学校管理職という意味に加えて，教職大学院が目的とするような中堅教員（主幹教諭，指導教諭，主任など）の意味，さらには教育長，管理主事など行政職の幹部職員をも含む場合もあるという。

　本シンポジウムにおける学校管理職とは主に校長を念頭に置いたものであるが，上述の指摘からすれば，学校管理職という言葉を用いるときにはどのレベルの職制を指すのかを明確にした上で論じなければならないことを示すものであろう。しかしまた，スクールリーダーという用語の出現は学校管理職の範囲を管理職候補者（中堅教員）までを含めて考えることの必要性や可能性を示唆するものであろう。事実，各大学院における学校管理職養成コースの在学者は

中堅教員もしくはそれより上位の教頭候補者レベルまでの大学院生が多いように見受けられる（校長が在学している事例もある）。そうだとすれば正確には学校管理職候補者養成コースというべきかもしれない。さらに行政職の幹部もしくは幹部候補者までを含めた場合には教育管理職（候補者）養成コースというべきかもしれない。そうなると，校長や教頭だけを念頭に置いた管理職養成・研修のプログラムとは異なる別の観点を考慮した養成・研修の在り方も考えなければならない。加治佐氏のスクールリーダーの概念整理はそうした点の問題提起となっている。

では学校管理職とは主に校長を念頭に置いたものとした場合に，その力量をどのようなものととらえるかが問題となる。これについて各報告者はいくつかの指標をあげており，それぞれに，校長には求められる一定の力量があることを指摘している。そのなかで研究者の立場から加治佐氏は，大学のカリキュラム編成の目的上，抽象的に表現された力量観を示し，校長の立場からの寺崎氏，加々美氏は具体的に示された力量観を示している。これに行政の立場からの上原氏の力量観を合わせ考えると，各報告者が指摘する校長に求められる力量は加治佐氏の言うアカデミックな分類に包摂されるといってよいと思われる。そしてそうしたアカデミックな分類は，上原氏の指摘するように優先順位はなく，個々の事例に応じて該当する分類で語られることになるというものであろう。

ただしシンポジウムの報告を聞いていて，校長の立場からの個々具体的な力量観が必ずしもアカデミックな力量観に包摂されるとは限らないとの思いを抱いたことも事実である。その思いのひとつは，個々具体的な事実で示される力量とアカデミックな分類とが本当に結びついているのかという疑問である。その点については加治佐氏が指摘するように「目的に応じて力量の表現の仕方を変えていかなければならない」ところがあると考えられる。もうひとつは，寺崎氏が校長の職務として「決断」や「リーダーシップの発揮」をあげ，また加々美氏が「非日常的な状況への対応のなかに管理職の……資質や能力が典型的に現れてくる」と述べたように，校長に求められるきわめて重要な力量は学校の最高責任者としての責任を伴った意思決定にあるとの観点を強調されたこ

とに関連する。もちろんアカデミックな分類も校長の意思決定をその究極の権限の行使と考えていることに変わりはないが，校長職の人が抱く意思決定の責任の重さの度合いの認識を研究する側でももっと考慮する必要があるのではないか，換言すれば，校長の意思決定を力量の観点から個別に詳細に研究する必要があるのではないかとの思いをもったのである。そして両者のすり合わせを通してアカデミックな分類にまとめていく作業が必要なのではないかと感じたのである。

　ではその校長の力量形成はどこで行うべきかということについて，寺崎氏は教員のキャリアを積んでいく過程で培われるもの，上原氏はOJTこそ要であると述べている。寺崎氏や加々美氏の見解も基本的にはOJTに帰するであろう。教員の職能成長は基本的には職務遂行のなかで培われることを思えば，OJTの重要性については強調しすぎることはないであろう。キャリアステップを図る行政研修はその意味で計画的なOJTといってよいであろう。また，新宿区の校長の自主研修もOJTにさらに磨きをかける試みであろう。ただし加治佐氏がOJTの意義を十分に理解しつつも，学校管理職を計画的に養成するためにはどうしても「抽象化したアカデミックなまとめ方」に仕上げなければならないというのは重要な指摘である。大学院における管理職養成・研修の意義，そして課題は基本的にはそこにあると思われる。そして紹介された兵庫教育大学大学院学校指導職コースの実践とその背景にある考え方は，そうした点を考える上で示唆に富むものである。

　最後に，貴重なご意見を賜りましたシンポジストの方々に，シンポジウムを有意義なものに盛り上げていただきましたことに対して厚くお礼を申し上げたい。

まとめに代えて
―大学院における学校管理職養成・研修プログラムの方向と課題―

　本書では以上のように，大学院における学校管理職養成・研修の実態，学校管理職（とりわけ校長）に求められる力量，そして教育委員会の研修等について調査を通してその実態を明らかにし，その課題について検討してきた。最後に，そうした調査の結果を踏まえて大学院における学校管理職養成・研修プログラムの方向と課題について述べる。

1．大学院における学校管理職養成プログラムの開始とその背景

　わが国における大学院における学校管理職養成・研修（主に養成が中心となっているため，以下，管理職養成という）の最初の試みは，1996（平成8）年度に開設された九州大学大学院人間環境学府修士課程・発達社会システム専攻・教育学コース・学校改善専修の設置であろう。その後，しばらく間を置き，いくつかの大学で本格的に実施されるようになったのは2004（平成16）年度から2005（平成17）年度にかけてである。それにいくつかの大学が続き，2008（平成20）年度の時点で10校の大学院が管理職養成のコースを設置している。その意味では大学院における管理職養成は揺籃期ともいうべき段階にある。

　2008（平成20）年度から将来の管理職候補というべき中核的中堅教員の養成を狙いとした19の教職大学院がスタートしており，それだけ管理職を養成する大学院が増加したことになる[1]。とはいえ教職大学院のそれも含めてわが国において大学院における管理職養成が今後，その意義が認められ，普及・発展していくのかどうかは分からない。先行研究およびわれわれの2006（平成18）年度の校長調査（以下，2006（平成18）年度調査という）において管理職養成のための大学院あるいは教職大学院の必要性を肯定する校長は割合からすればまだ少

数である。そうした校長の認知度の低さも含めて大学院における学校管理職の養成を普及・発展させるにはまだまだ多くの課題があるのである。

　その普及・発展の鍵を握るのはいうまでもなく各大学院の取り組みであり，各大学院が管理職養成プログラムを充実・発展させ，そうしたプログラムが管理職の力量形成にきわめて有用であることを実証していくほかない。

　大学院における学校管理職の養成がなぜ叫ばれるようになったのか，その背景として少なくとも2つのことを指摘できるであろう。第1には，よく言われているように，現代の学校改革の課題としての「自立的・自律的な学校」の要請である。学校分権ともいうべきそうした改革の方向に，学校教育の「品質保証」，「学校教育のクオリティ」の向上，「開かれた学校」という課題が重ね合わされ，今や学校には自己の責任と創意工夫とにより教育の結果を出すこと，そして結果に伴う責任が問われる時代になっているのである。そして，それを実現するためには「学校のビジョンを形成し，ストラテジーを選択して学校づくりを行い，アカウンタビリティを遂行するリーダーシップ能力をもった」管理職，とりわけ学校の意思決定者である校長の出現が待たれるのである。われわれの2006（平成18）年度調査においてこれからの学校管理職にどのようなリーダーが望ましいかという問いに対して最も割合が高かったのは「知的索引型」（鋭い洞察力を持ち，その先見性で教職員をリードすること）であるのもそうした状況の表れと解釈できる（他は，割合の高かった順に「熱血索引型」，「促進型」，「奉仕型」である）。第2には，公立学校，とりわけ義務教育諸学校の置かれている状況である。今日，多くの公立学校は社会の縮図ともいうべき教育・学習環境に大きな問題や課題を抱えている。そのため学校のリーダーとしての管理職にはまったく新しい種類の問題や課題に対応する力量が当然要求されており，そのためには新しい専門的知識やスキルの習得が必要になっているのである。

2．学校管理職（とりわけ校長）に求められる力量とその育成

　そうだとすれば，管理職に新しく求められる力量とは何かをまず明確にして

おかなければならない。それについては豊富な先行研究があり⁽⁵⁾，われわれもそうした先行研究を参考にしつつ調査（2007（平成19）年度調査）を行い，本書第2章第2節で示したように，①学校目標形成・達成力，②洞察判断力，③協働協調力，④法的管理力，⑤家庭地域連携力，⑥学校管理職倫理の6つの力量を析出した。そしてこの調査から明らかになったのは，校長が強く必要と考えているのは，学校目標という教育ビジョンを策定し，それを達成していくことや組織を動かしていく協働協調力であり，また家庭・地域との連携力である。こうした経営的な力量が強調されるところが新しく校長に求められる力量の特徴であろう。しかしまた，校長はむしろ教育ビジョンの策定や管理職倫理を最も必要な力量と考えており，あらためて自己の教育哲学や信念を確認することの必要性を強く感じている。いわば教育者という面を土台とし，それに経営者（そして管理者）という2つの面での力量を現代の教育ニーズに合わせて培うことが必要だというのである。

　ではこうした力量はどこで培われるのか。職務を遂行する過程で（OJT），あるいは行政研修で獲得されるところは多分にあるであろう。2006（平成18）年度のわれわれの校長調査でも校長は力量形成の場として「日頃の教育活動」，「先輩校長から」などOJTや行政研修を，とりわけ実務を通しての力量形成を高く評価していることが明らかになった⁽⁶⁾。OJTや行政研修が校長の力量形成に果たす役割についてはいうまでもないであろう。行政研修についても本書第3章第2節の東京都の管理職研修の事例に見るように実務に即した幅広く多様な研修が用意されている。ただし，OJTや行政研修にも限界があり⁽⁷⁾，加えて，われわれの調査活動の結論からすれば，現代の校長が求める力量形成にはOJTや行政研修では獲得が難しいであろう体系的理論や技法に裏づけられたトレーニングが必要なのではないかと思われる。小島弘道は，校長は高度専門職業人であるべきという観点から現代に求められる校長の職務の専門性を根拠に大学院における養成の必要性を強く説いている⁽⁸⁾。われわれの経験からすれば，校長の職務遂行には通常，知恵ともいうべき独自の共通した考え方やスキルが見い出されるのであり，それを学問として一般化し体系化することはきわめて

重要なことだと考えられる。さらにつけ加えれば，大学院というアカデミックな環境の下で，「自己の教育実践や思考が揺さぶられる」[9]機会をもつことが管理職のトレーニングに必要なのではないかということである。

3．大学院における管理職養成カリキュラム等の編成とその課題

ではそうした力量を育成する管理職養成のためのカリキュラムの編成や学習形態はどのようなものであればよいのかということが問題となるが，その基本的方向は教職大学院の基本的方向でもある「理論と実践の融合ないし統一（以下，融合という）」であろう。換言すれば，大学がもっている理論知と学校現場がもっている実践知の融合を図るカリキュラムの編成や学習形態を採ることである。従来の教育研究においては大学の理論知と学校現場の実践知は分離したままのことが多く，そのため教育学の発展にも，また教育の改善を図る上でもマイナス面が少なくなかったと思われるが，専門職養成の大学院においては両者の融合は存立の根幹にかかわる課題である。理論と実践の融合により，臨床知ともいうべき教育の経営・管理理論を構築することが管理職養成の大学院に求められるわけである。

ただしこうした融合は言うほど簡単なものでない。カリキュラムのなかに理論中心の科目と実践・実務中心の科目を並べただけでは融合は達成できない。どうしても両者を内的に関連させる工夫が要る。この点について各大学院は相当な工夫を凝らしたカリキュラムを編成している[10]。

理論と実践の融合を図るには，学習形態も重要である。各大学院においては理論と実践の融合を図る観点から，講義のみならず，ケーススタディ，プロジェクト（テーマを設定して問題探求に取り組むグループ学習），インターンシップ（実務実習）などの学習形態を取り入れている。こうした臨床経験を計画に含めることも重要なことである。ただし学校管理職養成を目的とする大学院の学生は現職の管理職や教員が多数を占めると思われるので，たんなる実践例の学習や教育現場での実務経験ではストレートマスターの学生には有意義であっても，実務経験の豊富な大学院生にとっては大学院で学ぶ意味を見出せな

いことにもなる。どうしても大学院生の有する実務経験を理論知に誘導する工夫が要る。

その点で注目したいのは大阪教育大学の試みである。同大学では「理論知と実践知の統一」を図るために「学びのプロセス」を重視している。「学びのプロセス」とはいうまでもなく大学院生の学習の過程を重視する観点である。そして，そのために採られている方法が，①現職教員院生に入学後早い段階で理論知の基礎学習を適切に行う，②現職教員院生が教職経験のなかで培った知見や問題意識を広げたり深めたりするための思考訓練として教授スタッフと学生との対話や研究協議を通して「もちつき」を行う，③実践的研究や研究的実践に取り組んだ事例や論文を選び出し順序性や段階性をふまえた学習を重ねる，④修士論文の作成では研究のテーマ・研究対象・研究方法を三位一体のものとして連関させることである。こうした「学びのプロセス」を通した指導により現職教員院生が「素朴な経験論」に終始し「はい回る経験主義」に陥らずに，教育現象を考察する理論――基本概念，認識枠組み，研究方法――をしっかりと身につけ，思考を鍛えることが可能とされる[11]。

理論と実践の融合を可能にするのは大学院生に対する十分に考慮された手厚い指導だけでは十分でない。大学院生を指導する大学院教員スタッフ自体の授業力の向上も必要となる。管理職養成などのために新しく設置された大学院は，単純化して言えば，理論の探求を主として行ってきた教員と実践知の探求を主として行ってきた教員との構成から成る。それゆえ理論と実践の融合を図るためには両者の意思疎通はもとより授業の質の向上に向けて両者の連携の下，組織的取り組みが要る。この点において兵庫教育大学大学院が行っているようなFD (Faculty Development)，すなわち教員の教授能力の向上のための研修が参考になる。FDの活用について大学教員の理解は十分とは言いがたいが，個々の教員の授業力の向上を目指し，授業の質の向上に向けて互いに学習・研究する場を設定するようなFDは有用なツールであることは間違いない。

4．教育委員会との連携

　また，以上のような大学院のプログラムの充実とは別に，大学院における管理職の養成を充実・発展させるには教育委員会との連携をあげないわけにはいかない。教育行政機関との人的交流や人事計画，情報交換，インターンシップ，教員の大学院への派遣など大学院にとって教育委員会との連携は存立の条件に関わるものばかりである。こうした連携を深めることによって，たとえば，大阪府教育委員会との連携による大阪教育大学大学院のスクールリーダー・プロジェクトや兵庫県教育委員会との連携による兵庫教育大学大学院の新任教頭・指導主事の研修などの事業も可能となるわけである。大学院で現職教員の研修を行いうるとなれば，文字通り大学院における管理職養成・研修である。

　教育委員会との連携はさまざまな要因が介在するため容易なことではなく，多くの大学院に共通の課題になっていることは事実であるが，大学院で学ぶ現職教員への支援，情報交換，管理職研修の一部大学院への委託，あるいは管理職が必要に応じて大学院で学ぶリカレント教育のような学習形態などいくつかのところですでに行われている方法を参考にしつつ，できるところから連携を進めていく努力と工夫を重ねていくことが必要なことと思われる。

　以上，われわれの調査を通して当面の大学院における学校管理職の養成・研修プログラムの方向と課題を概観した。「実用主義と研究主義のパラドックス」[12]という高度専門職業人養成教育に共通の課題を抱える大学院における管理職養成はそうした課題を克服しなければならないことに加えて，多くの課題がある。そしてその道を切り拓くのは，まずは各大学院がプログラムを充実させ，その効果や成果を実証していくほかないという当然の結論に達する。そしてまた，各大学院の取り組みはそのことを示す方向で進んでいると結論づけてもよいのではないかと思われる。

【注】
（1）　加治佐哲也は，教職大学院こそ管理職養成を行うべき場であるとして，その

理由に，①教職大学院は学校や地域における指導的役割を果たす人材を養成するものであること，②教職大学院の教育課程は「教員としての基層的な力量」を培う共通科目を中核としており，それはスクールリーダー（管理職）の養成の目的に合致すること，③教職大学院で養成されるべき人材は校長，教頭，指導主事などのスクールリーダー養成への要望が圧倒的に強いことをあげている。加治佐哲也「スクールリーダー育成と大学・教育委員会との連携―兵庫教育大学の養成プログラム」北神正行・高橋香代編『学校組織マネジメントとスクールリーダー：スクールリーダー育成プログラム開発に向けて』学文社，2007年，193-194頁。

（2） 先行研究の例として，例えば，金川舞貴子「大学院に対する否定的見解の内容とその批判的考察」小島弘道編著『校長の資格・養成と大学院の役割』東信堂，2004年，235-246頁。また本論執筆者による調査研究の結果は，早稲田大学教育総合研究所研究部会報告・白石裕研究代表『大学院における学校管理職養成・研修プログラムの実施・運営方策に関する研究―学校管理職養成・研修の実態と課題―（中間報告）』（2007年3月）に所収。

（3） 大脇康弘「スクールリーダー教育の育成体制」教育開発研究所『教職研修』2006年，125頁。

（4） 早稲田大学教育総合研究所，前掲報告書。

（5） 先行研究については第2章およびその注の他，寺崎千秋編『校長力を高める―101の心得と実践』教育開発研究所，2006年を参照。

（6） 早稲田大学教育総合研究所報告，前掲報告書。

（7） OJTについては実務中心のために創造的な発想・実践を生み出しにくい，アイデアを体系的・論理的に表現する力量が身につかない，自らの経験を反省し豊かにする機会に乏しいなどの問題点が，また行政研修については同様な問題点があるほか，短期間，講義形式，個別体系性に欠けるなどの問題点も指摘されている。前半部分の問題点については金川論文（前掲）238-239頁を参照。

（8） 小島弘道は，校長職の専門性を，①学校のビジョンや目標づくりに関わる知，②学校経営の専門的職務遂行（パフォーマンス）に関わる知，③リーダーシップや教育政策，法，学校組織など校長のパフォーマンスの基盤をなす3つの「知」を内包するものとしている。小島弘道「政策提言―校長の資格・養成と大学院の役割―」小島弘道編著，前掲書，402頁。

（9） 大脇康弘「『理論知―実践知交流型』カリキュラム開発」教育開発研究所『教職研修』2007年7月，128-129頁。

(10) 各大学院のカリキュラムの内容については，本書1章Ⅰ，および白石裕・白川優治・仁木幸男・中井文子「学校管理職養成・研修制度の実態と課題（中間報告）」早稲田大学教育総合研究所『早稲田教育評論』第21巻第1号，2007年を参照。
(11) 大脇康弘「『理論知―実践知交流型』カリキュラム開発」前掲論文。
(12) 高橋寛人「免許制度の歴史と課題および大学院における養成の可能性」小島弘道編著，前掲書，51頁。

謝　辞

　本書は，早稲田大学教育総合研究所「大学院における学校管理職養成・研修プログラムの実施・運営方策に関する研究」(2006-2007（平成18-19）年度：研究代表白石裕）による研究成果をもとにしている。

　われわれの研究は多くの方々の協力なしには実現できなかった。とりわけ大脇康弘教授・服部憲児准教授（大阪教育大学），加治佐哲也教授・竺沙知章准教授・武井敦史准教授（兵庫教育大学），小島弘道筑波大学大学院教授（現龍谷大学教授）や，森田雅彦大阪府箕面市教育委員会教育推進部長には大学訪問調査・研究への助言・講演とシンポジウム，校長調査等で幾度となく多大なご協力・ご支援をいただいた。また，河合雅彦統括指導主事，野村公郎統括指導主事，田中淳志指導主事，土上智子指導主事，中村美奈子指導主事（以上，東京都教職員研修センター），木下川肇教育指導課長（新宿区教育委員会），坂田篤統括指導主事（杉並区教育委員会），茅原直樹統括指導主事（墨田区教育委員会すみだ教育研究所），今村信博元公立中学校校長（現さいたま市岸町教育相談室），加々美健一さいたま市立小学校校長会長（さいたま市立大宮小学校長校長），小山勝さいたま市立下落合小学校校長，大竹隆一さいたま市立中学校校長会長（さいたま市立岸中学校校長），森連桶川市教育委員会教育長には，ご助言，授業観察，あるいは質問紙調査の実施等でご協力をいただきました。ここに記して感謝を申し上げます。さらに，第2章でみた質問紙調査には，多くの現職の校長先生のご協力をいただいたことにも改めてお礼申し上げます。また，質問紙調査の実施にあたっては，2007（平成19）年度早稲田大学大学院白石研究室在籍の大学院生の助力を得た。特に，質問紙の発送等では，笹部真矩子・谷村大地・栗原真孝・阿内春生の各君の協力は大変に力強いものであった。

　末筆ながら，これらの方々の全面的な協力に対し深く感謝の意を表したい。そして，本書が大学院における学校管理職養成を考える上で少しでも参考になれば幸いである。

白　石　　　裕

索　引

大学院の名称は本文では略称を使用しています

あ 行

一般選抜　7
FD　104, 106, 142
大阪教育大学　142, 143
大阪教育大学大学院　4, 11
岡山大学大学院　6, 9
OJT　97, 132, 133, 137, 140

か 行

学校管理職
　　49, 50, 95, 72, 74, 79, 95, 98-100, 124,
　　130, 135-141
　　──に求められる資質・力量　38, 39
　　──の資質・力量
　　　51, 52, 54, 55, 58, 61, 65, 116
　　──養成・研修　143
　　──の養成を目的とした大学院　2
学校管理職研修　80
学校管理職養成　20, 26, 27, 138, 139
学校管理職倫理　57, 58, 60, 61, 140
学校経営　41-45
学校指導職　137
学校目標形成・達成力　56, 58, 59, 140
家庭地域連携力　57-60, 63, 140
管理職候補者研修　31
管理職選考試験　71, 72
管理職登用の条件　71
危機管理　117, 118
九州大学大学院　5, 9
教育委員会との連携　143
教育管理職研修制度　79
教育管理職候補者研修　83, 84
教育管理職選考　81-83, 87
教育管理職養成　81
教育実践コラボレーション　12, 104

教職大学院
　　14-17, 19, 22, 25, 26, 29-31, 98-100,
　　103, 106, 109, 138
行政研修　140
協働強調力　56, 58, 60, 140
研修派遣　18
現職教員　18
　　──の研修　79
現職教員特別選抜　7
校長に求められる資質・力量　45, 47
校長評価基準　70
校長評価制度　69, 73
校長評価の方法　76

さ 行

埼玉県教育委員会　69, 77
埼玉県の学校管理職評価制度　73, 75
社会人選抜制度　7
修士課程大学院　29, 30
自立的・自律的な学校　48, 94, 139
新人教員の養成　20, 25
スクールマネジメント　3, 8
スクールリーダー
　　6, 20, 21, 69, 93-95, 97-99
　　──の養成　6, 14, 20, 21, 24, 25, 28
スクールリーダーコース　4, 5, 104
ストレートマスター　3, 4
選抜方法・学費・就学制度の特徴　7

た 行

千葉大学大学院　3
筑波大学大学院　5, 9
東京大学大学院　6, 9
東京都教育委員会　18, 19, 31, 83, 86, 88
東京都教職員研修センター　81
洞察判断力　56, 59, 60, 140

な 行

鳴門教員大学大学院　6, 9

は 行

兵庫教育大学　99-102, 104, 107, 137
兵庫教育大学大学院　4, 12
開かれた学校　95, 96, 139
品質保証　96
府県教育委員会　77

法的管理力　57-60, 63, 140

ま 行

ミドルリーダー　3
名城大学大学院　7, 9

ら 行

理論と実践の融合　102, 141, 142
連携協力校　18

執筆者一覧

＊白石　　裕	早稲田大学教育・総合科学学術院特任教授		はじめに・まとめに代えて
仁木　幸男	早稲田大学大学院教育学研究科博士課程		第1章Ⅰ，第2章
白川　優治	千葉大学普遍教育センター助教		第1章Ⅱ・Ⅲ，第2章，第3章Ⅱ，第4章
中井　文子	早稲田大学人間科学部通信課程・教育コーチ		第3章Ⅰ

（執筆順・＊は編者）

学校管理職に求められる力量とは何か
――大学院における養成・研修の実態と課題――　　　［早稲田教育叢書27］

2009年3月30日　第1版第1刷発行

編著者　白石　裕

編纂所　早稲田大学教育総合研究所
〒169-8050　東京都新宿区西早稲田 1-6-1　電話　03 (5286) 3838

発行者　田 中 千津子　　〒153-0064　東京都目黒区下目黒 3-6-1
　　　　　　　　　　　　　　　　　　　　電　話　03 (3715) 1501 (代)
発行所　株式会社 学 文 社　　　　　　　　　FAX　03 (3715) 2012
　　　　　　　　　　　　　　　　　　　　http://www.gakubunsha.com

Ⓒ 2009 SHIRAISHI Yutaka　Printed in Japan　　印刷所　東光整版印刷株式会社
落丁・乱丁の場合は，本社でお取替えします
定価はカバー・売上カード表示

ISBN 978-4-7620-1952-4

早稲田教育叢書
早稲田大学教育総合研究所　編修

23

大西健夫，佐藤能丸 編著

私立大学の源流
―「志」と「資」の大学理念―

1,890円（税込）
ISBN978-4-7620-1529-6
C3337　A5判　168頁

「わが国において，建学理念・教旨を表明しない私立大学は存在しない」（本書「序」より）。公教育の基本理念である「志」と，財政という「資」の視野から，私立大学の建学理念と歴史を多彩に取り上げる。「志」を源流として発展する私立大学の在り方とは。

24

坂爪一幸 著

高次脳機能の障害心理学
―神経心理学的症状とリハビリテーション・アプローチ―

2,415円（税込）
ISBN9784-7620-1650-9
C3337　A5判　223頁

神経心理学的症状，高次脳機能障害（脳損傷後にみられる症状や障害）を心理学的な観点から考察。どのようなタイプの症状があるのか，それらに対応したリハビリテーションや学習支援の方法はどのようなものか。綿密な研究を通じて，「心」の活動の変化，可能態や適応性を解読。「心」の多面性を理解する手がかりを探る。

早稲田教育叢書

早稲田大学教育総合研究所　編修

[25]

大津雄一，金井景子 編著

声の力と国語教育

2,520 円（税込）
ISBN978-4-7620-1674-5
C3337　A5 判　232 頁

子どもたちへ「声」を届け，子どもたちの「声」を引き出すさまざまな活動と実践研究から，国語教育の重要な一角を占める音声言語教育分野に関する教員養成の現状と課題を再考。日本文学や中国文学の研究者，国語教育の研究者，学校現場に立つ教員，朗読家や読み聞かせの専門家などによる「朗読の理論と実践の会」の活動記録と研究成果を紹介する。

[26]

坂爪一幸 編著

2,520 円（税込）
ISBN978-4-7620-1758-2
C3337　A5 判　238 頁

特別支援教育に活かせる

発達障害のアセスメントとケーススタディ
―発達神経心理学的な理解と対応：言語機能編―　〈言語機能アセスメントツール〉付

言語機能面における発達障害への理解を深め，アセスメントに役立つ最新の知見を発達神経心理学的な視点からわかりやすくまとめた。付録に掲載した言語機能アセスメントツールでは，ツールの使い方をイラスト入りで実践的に解説。特別支援教育にかかわる人へ，理論と実践を融合した最適書。